INGRID FÜLLER, geboren 1950, Ausbildung zur Übersetzerin für Französisch in der Bundesrepublik und in Frankreich, Studium der Soziologie auf dem zweiten Bildungsweg. Abschluß als diplomierte Sozialökonomin. Sie ist seit 1984 als freie Journalistin tätig mit den Schwerpunktthemen Frankreich, Ausländer und Ausländerinnen, Bildung, Frauen, Gesundheit und Sozialpsychologie; u. a. für *Frankfurter Rundschau, Die Zeit, natur, Psychologie heute, Deutsches Allgemeines Sonntagsblatt, Brigitte* und für den Norddeutschen Rundfunk. Lebt in Hamburg. Buchveröffentlichung: «Schlucken & Schweigen. Wie Arzneimittel Frauen zerstören können» (als Mitautorin, 1988) und «Kopfschmerzen – Migräne» (Hg. von der Stiftung Warentest, 1993).

Ingrid Füller

EINE AFFÄRE IN EHREN

Warum Frauen Verhältnisse haben

rororo

Rowohlt

Veröffentlicht im Rowohlt Taschenbuch Verlag GmbH,
Reinbek bei Hamburg, Juni 1994

Umschlaggestaltung Barbara Hanke und Nina Rothfos
(Illustration Bee Willey / The Image Bank)
Gesamtherstellung Clausen & Bosse, Leck
Printed in Germany
1290-ISBN 3 499 19685 9

INHALT

VORBEMERKUNG

Um es gleich vorweg zu sagen: Dies ist kein Leitfaden für den gelungenen «Seitensprung» und keine Anleitung zum «Fremdgehen». Das Anliegen des Buches ist ein anderes. Es geht mir darum aufzuzeigen, aus welchen Gründen Frauen, die in einer festen Partnerschaft leben, Liebesverhältnisse mit anderen Männern eingehen und wie sie diese Lebenssituation bewältigen.

Die Idee, mich mit diesem Thema näher zu beschäftigen, entstand, als ich im vergangenen Jahr auf Umfrageergebnisse über das Treueverhalten in der Bundesrepublik stieß. Sie offenbaren, daß fast sechzig Prozent der Frauen in den alten Bundesländern einmal oder mehrmals während einer Liebesbeziehung dem festen Partner «untreu» werden. Eine Zahl, die beweist, daß Liebesaffären längst nicht mehr das Privileg der Männer sind. Ganz offensichtlich dringen Frauen in einen Bereich vor, der jahrhundertelang eine typische Männerdomäne war: Sie gestatten sich, teils unbekümmert und selbstverständlich, teils mit Zweifeln und Schuldgefühlen, ein Leben mit einem festen Partner *und* mit einem «anderen Mann». Dieser kann viele Rollen einnehmen: angefangen vom unverbindlichen Liebhaber über den festen Geliebten bis hin zum langjährigen Dauerfreund neben der Ehe. Die Bedeutung, die dem «Nebenmann» zukommt, hängt eng mit den Gründen zusammen, aus denen Frauen aus ihren festen Zweierbeziehungen ausscheren. Oft sind es frustrierende Erfahrungen, emotionale Defizite und Mangelgefühle, die sie über einen langen Zeitraum in ihren Ehen oder

Partnerschaften hingenommen haben. Manchmal ist der Ausflug aus dem Beziehungsalltag aber auch Ausdruck einer Freude am Abenteuer und an der Abwechslung – einer Lust, die angeblich nur Männer wirklich genießen können: das erotische Vergnügen in einer lockeren, unverbindlichen Affäre.

Frauen, die neben dem (Ehe-)Mann noch einen Geliebten haben, begegnet die öffentliche Meinung nach wie vor mit Vorurteilen und Kritik, manchmal sogar mit offener Verachtung oder gezielten Diffamierungen. Was für das eine Geschlecht seit Menschengedenken als selbstverständliches Recht gilt, scheint dem anderen in der patriarchalen Gesellschaft noch lange nicht zuzustehen. Und doch machen immer mehr Frauen davon Gebrauch. Sie setzen sich über gesellschaftliche Normen, über verinnerlichte Erziehungsbotschaften und religiöse Gebote hinweg, wenn diese sich mit ihrem Bedürfnis nach Liebe und Zuwendung oder mit ihrer Lust auf erotische Abwechslung nicht vereinbaren lassen.
Wie sehr sie allerdings die jahrhundertealten Moralvorstellungen verinnerlicht haben, die ihnen Triebverzicht und die Verleugnung eigener erotischer Wünsche auferlegten, wird an ihren Bemühungen deutlich, die «verbotene» Liebschaft vor sich selbst zu rechtfertigen. Und fast alle wollten einmal auch gesagt haben, es gehe ihnen dabei «nicht nur um das eine». Ganz offensichtlich haben Frauen, auch wenn sie sich eine Zeitlang ein außereheliches Liebesverhältnis, einen «Seitensprung» oder eine Nebenbeziehung erlauben, immer noch größte Mühe, ihre eigene Triebhaftigkeit anzunehmen. Die Liebesbeziehung, die sie mit dem «anderen Mann» eingehen, wirkt in ihren Beschreibungen nicht selten wie eine Art «höherer Gewalt», wie eine vom Schicksal gelenkte Begegnung, für die sie nicht verantwortlich, an der sie nicht «schuld» sind. Das läßt die Angst erkennen, sich als bewußt und aktiv handelnde Person zu begreifen, die ihr Liebesverhältnis und überhaupt ihr Liebesleben souverän gestaltet und offensiv vertritt. Und das Unbehagen, zu einer Entscheidung zu stehen, die, oft zum erstenmal in ihrem Leben, allein

von den *Sinnen* und nicht von der *Vernunft* bestimmt wurde. Das mangelnde Selbstverständnis und die vielen Unsicherheiten, mit denen Frauen sich auf «verbotenem» Terrain bewegen, zeigen, wie sehr ihr Handeln hier ihrem Bewußtsein vorauseilt. Sie tun sich schwer damit, diejenigen Facetten ihrer Person, die in der Außenbeziehung lebendig werden, vorbehaltlos vor sich selbst, geschweige denn vor anderen zu akzeptieren.

Wenn Frauen sexuelle Beziehungen außerhalb ihrer festen Partnerschaft eingehen, dann müssen sie sich, zumindest manche von ihnen, von tief verinnerlichten moralischen Geboten und Rollenzuweisungen lösen. Ein Schritt, der Mut und Risikobereitschaft erfordert und – wie manche Beispiele in diesem Buch zeigen – nicht zwangsläufig zu Beziehungsdramen und Familientragödien führen muß. «Untreue» gegenüber dem Ehemann und festen Partner ist oft ein Indiz für die eigene Lebendigkeit und damit eine Form der Treue und Liebe zu sich selbst. Darüber hinaus kann sie auf verborgene Konflikte in der festen Liebesbeziehung hinweisen und eine längst fällige Auseinandersetzung oder eine notwendige Trennung beschleunigen.

Von insgesamt fünfundzwanzig Interviews mit Frauen habe ich die vierzehn für dieses Buch ausgewertet, in denen die (typischen) Gründe für Affären besonders deutlich wurden. Bei der Kommentierung der «Fallgeschichten» ging es mir darum, das Selbstverständnis der Frauen sowie die gesellschaftlichen Rollenvorschriften kritisch zu hinterfragen und mich mit verschiedenen psychologischen Einschätzungen auseinanderzusetzen.

Um ein besseres Leseverständnis zu erzielen, habe ich die Interviews überarbeitet, dabei allerdings versucht, die Eigenart und den persönlichen Erzählstil jeder Frau zu wahren. Und natürlich das, worum mich alle meine Gesprächspartnerinnen baten: ihre Anonymität. Deshalb habe ich die Namen und verschiedene Details aus ihrem Leben so verändert, daß die Frauen, die mir ihre Geschichte anvertrauten und ohne die dieses Buch nicht hätte entstehen können, sich nicht identifizieren lassen.

Noch eine Anmerkung zum Schluß: Was mir in den Gesprächen auffiel, ist der verantwortungsbewußte Umgang der Frauen mit der Aids-Gefahr. Bis auf eine einzige Ausnahme gaben alle meine Interviewpartnerinnen an, sich bei sexuellen Kontakten außerhalb ihrer festen Beziehung zu schützen.

Ingrid Füller

TREUE DAS IDEAL – UNTREUE DIE REALITÄT

Love me tender, love me dear,
tell me you are mine.
I'll be yours through all the years,
till the end of time.
Love me tender, love me true,
all my dreams fulfill,
for, my darling,
I love you
and I always will…

Einander in inniger Liebe und «ewiger Treue» verbunden bleiben – nichts erscheint selbstverständlicher als das, wenn zwei Menschen am Beginn ihrer Liebesbeziehung stehen. Solange der eine meint, nicht ohne den anderen sein zu können und am liebsten jede Minute mit ihm verbrächte, solange wird kaum ein Dritter für die symbiotische Einheit eines Paares bedrohlich werden. In dieser Zeit, die Paartherapeuten als «Phase der Hingabe» bezeichnen, weist die Beziehung der Liebenden deutliche Ähnlichkeiten zur Mutter-Kind-Symbiose auf. «Die Körper sind eins und drängen nach ständiger Verschmelzung. Denken, Streben und Handeln sind gleichgeschaltet … Es ist diese Lebensqualität ohne Kampf, Mißtrauen, Konkurrenz und Leistungsdruck, die es dem Kind, dem liebenden Geliebten ermöglicht, die Welt zu erproben und zu erobern …» [1] Kein Wunder, daß wir diesen paradiesischen Zustand solange wie nur irgendmöglich erhalten wollen. «Sie heirateten und waren glücklich bis ans Ende ihrer Tage», das kennen wir schon aus den Märchen – diesen Traum von der ewig währenden und grenzenlosen Liebe zwischen zwei Menschen. Einer Liebe, die gefeit ist gegen Veränderungen und Abnutzungserscheinungen und vor allem gegen den begehrenden Blick nach außen. Dieser

raum wird nicht zuletzt in der Film- und Schlager-
mmer wieder aufs neue heraufbeschworen, ganz zu
veigen von der Werbebranche, die sich jegliche mensch-
he Sehnsucht zunutze macht. Sogar Liebessongs aus den
heute so oft als «miefig» und «spießig» belächelten fünfziger Jahren haben bis in die Gegenwart hinein nichts von ihrer Faszination eingebüßt, zum Beispiel «Love me tender» von Elvis Presley.

Daß dieser Song für Liebende immer noch aktuell ist und so häufig aus dem Äther in ihre Wohnungen und Herzen dringt, dürfte an dem «Für ewig dein» liegen. Liebes- und Hochzeitspaare in aller Welt geben sich dieses – genau betrachtet leichtsinnige – Versprechen bis zum heutigen Tag. Bei den meisten ist es sicher kein bloßes Lippenbekenntnis, sondern der aufrichtige Wunsch, mit dem geliebten Partner, dem oder der «Richtigen», sein Leben zu teilen. Vereint «in Freud und Leid», «in guten wie in schlechten Tagen», solange, «bis daß der Tod euch scheide», will offenbar nicht nur die Generation der Zwanzigjährigen durchs Leben gehen, sondern mehrheitlich auch die Generation, die sich vor zwanzig Jahren ihre Sehnsucht nach Treue und Ausschließlichkeit in der Liebesbeziehung allenfalls heimlich eingestand. Viele der (Nach-)Achtundsechziger, denen das als bürgerlich verschmähte Treuegelübde seinerzeit die Schamesröte ins Gesicht getrieben hätte, sind inzwischen längst verheiratet oder leben in festen Zweierbeziehungen zusammen, die sich in ihrer Verbindlichkeit und Ausschließlichkeit häufig kaum von der traditionellen Ehe unterscheiden. Umfragen der Meinungsforschungsinstitute bestätigen, daß die (eheliche) Treue in der bundesrepublikanischen Gesellschaft hoch im Kurs steht. So ermittelte das Allensbacher Institut in einer repräsentativen Studie über die privaten Lebensziele der Bundesbürger, daß die Treue für 73 Prozent der Befragten den ersten Platz einnimmt.[2] In den Vereinigten Staaten bekennen sich laut Statistik sogar 85 Prozent der Bevölkerung zum Ideal der lebenslangen Treue.[3] In beiden Studien gelten

die Begriffe «Treue» und «Monogamie» als Synonym, so wie es auch im täglichen Sprachgebrauch üblich ist. Wer von Treue spricht, meint in der Regel die lebenslängliche oder zumindest die für die Dauer einer Liebesbeziehung währende sexuelle Enthaltsamkeit gegenüber Dritten.
Dieses Treue- bzw. Liebesideal taucht nicht nur in Meinungsumfragen und Statistiken, in Hollywoodstreifen und Schlagern auf. Es ist ein allzu beliebtes Sujet auch in den klassischen Liebesgeschichten der Literatur und des Theaters. Das Glück wird dort fast ausnahmslos denjenigen beschert, die in «bedingungsloser Treue» miteinander ausharren. Den «Treulosen» hingegen, die die Liebe außerhalb der Ehe gesucht (und teilweise auch gefunden) haben, ist keine dauerhafte Verbindung mit dem (oder der) Geliebten vergönnt. Nehmen wir als Beispiel die Artussage, in der die Frau von König Artus, Guinevra, eine leidenschaftliche Liebesbeziehung mit dessen Freund, dem Ritter Lancelot, eingeht. Den unterschiedlichen Versionen der Sage entsprechend kehrt Guinevra entweder reumütig zu ihrem Gatten zurück oder nimmt resigniert Abschied von ihrem Geliebten und geht für den Rest ihrer Tage ins Kloster. Lancelot stirbt entweder einen tragischen Tod oder verläßt das Reich Britannien, das darüber hinaus durch den «Verrat» der beiden Liebenden zerfällt. Auch Goethes «Stella» aus dem ‹Sturm und Drang›, in dem leidenschaftliche außereheliche Liebesbeziehungen und «Doppellieben» bevorzugte Themen darstellten, bietet kein befriedigendes Ende. Das Drama, das in seiner ersten Version noch mit der Utopie einer Liebe zu dritt endet, mündet in der späteren Fassung in eine Tragödie. Der Konflikt des Helden Fernando, der sich nicht zwischen seiner Geliebten Stella und der Ehefrau Cäcilie entscheiden kann, treibt der Katastrophe zu. Im letzten Akt greift Stella zum Giftbecher, Fernando erschießt sich. In allen bedeutenden (literarischen) Liebesdramen wird der Treuebruch weder toleriert noch verziehen. Es gibt so gut wie keine treulosen Helden (und schon gar keine Heldinnen), keine heimlichen Geliebten, denen

…tig begegnet oder gar das Recht auf ein ge… Leben einräumt. Fast überall muß der «Liebes… sühnt, häufig gar mit dem eigenen Leben bezahlt … Aber nicht nur das. Oft genug werden nicht nur die …digen» bestraft, sondern sogar ihre Lebensgefährten … Ehepartner gleich mit ins Verderben gerissen. Ein klassi…es Beispiel dafür ist Büchners «Woyzeck», in dem ein ein…cher Soldat durch die Treulosigkeit der Geliebten in tiefste Verzweiflung stürzt. Marie, die Mutter seines Kindes, betrügt ihn mit einem schneidigen Major, der öffentlich das «prächtige Weibsbild» lobt, das sich ihm hingegeben habe. Eine Schmach, mit der Woyzeck nicht fertig wird. Außer sich vor Schmerz stößt er der Geliebten ein Messer in die Brust. Als er das Mordinstrument in einem nahe gelegenen Teich reinigen will, stürzt er selbst ins Wasser und versinkt.

Der Treuebruch, der in der Literatur vorrangig als Wurzel allen Übels und Verderbens erscheint, hat besonders grausame Konsequenzen, wenn er von Frauen begangen wird. Die untreuen Romanheldinnen aus dem neunzehnten Jahrhundert, die Liebe und Leidenschaft nur in den Armen des Geliebten, nicht aber beim Ehemann fanden, müssen den Ehebruch mit dem eigenen Leben büßen. Denken wir an Tolstois Anna Karenina, die sich aus Verzweiflung über ihre aussichtslose Liebe vor einen fahrenden Zug wirft. Oder an Fontanes Effi Briest, die langsam dahinsiecht, als sie nach dem Duell-Tod des Geliebten die Wohnung ihres Mannes verlassen und das gemeinsame Kind bei ihm zurücklassen muß. Ein besonders grauenvolles Schicksal ereilt die berühmteste Ehebrecherin der europäischen Literatur des neunzehnten Jahrhunderts, Gustave Flauberts Madame Bovary. Die junge, sentimentale Emma Rouault, Tochter eines wohlhabenden Bauern, heiratet den eher schlichten, bescheidenen Landarzt Charles Bovary. Schon bald nach der Hochzeit stellt sie fest, daß ihre Zuneigung zu ihm auf einer Täuschung beruhte. Ihre romantischen Liebesträume kann sie mit ihrem ebenso gutmütigen wie einfallslosen Ehemann nicht verwirklichen. Aus Enttäuschung über ihre schale Ehe und das öde Kleinstadtleben, das der an Musik und Literatur interessierten jungen Frau kaum Abwechslung bietet, flüchtet sie in eine leidenschaftliche Liebesbeziehung mit Rodolphe, einem Gutsbesitzer, der das genaue Gegenteil ihres Mannes verkörpert. Reich und gutaussehend, charmant, verführerisch und kühn in seinem Auftreten, bringt er Emma endlich die Erfüllung ihrer romantisch-sinnlichen Träume. Welche Veränderung ihre Liebesromanze mit Rodolphe bewirkte, beschreibt Flaubert so: «Nie war Madame Bovary so schön gewesen, wie zu jener Zeit; es war eine Schönheit jener undefinierbaren Art, wie die Freude, die Begeisterung, der Erfolg sie verleihen, und die nichts weiter ist als der Einklang des eigenen Ichs mit der Umgebung. Ihre heimlichen Begierden, ihre Schmerzen, ihre Erfahrungen im Liebesgenuß, ihre ewig jungen Illusionen hatten sie nach und nach zur Entfaltung gebracht, so wie Dünger, Regen, Wind und Sonne eine Blume zur Entfaltung bringen, und sie blühte erst jetzt in der ganzen Fülle ihrer Natur. Ihre Lider schienen eigens zugeschnitten zu sein für die langen Liebesblicke, in die die Augensterne sich verloren, indes ein leidenschaftlicher Atem die feinen Nüstern spannte und die vollen Mundwinkel hob, die bei Licht von einem leichten dunklen Flaum beschattet waren. Die schwere Fülle ihres Haares trug sie immer nur lässig im Nacken zusammengeschlungen, regellos, wie es sich gerade ergab nach den heimlichen Liebesstunden, bei denen es täglich gelöst wurde; aber der raffinierteste Künstler hätte es nicht verführerischer anordnen können. Ihre Stimme war jetzt weicher und schmiegsamer; ebenso wie ihre Gestalt; eine zart durchdringende Lockung ging selbst von den Falten ihres Kleides und von der Biegung ihres Fußes aus...» [4]

Doch Emmas Liebesglück ist nur von kurzer Dauer. Es nimmt ein jähes Ende, als sie ihren Liebhaber drängt, zusammen mit ihr die verhaßte Kleinstadt zu verlassen und in ein südliches Land zu ziehen. Rodolphe ist nicht bereit, den utopischen Traum seiner Geliebten zu verwirklichen. Er scheut «die Scherereien», «die Kosten» und verspürt nicht die geringste Lust, sich an eine einzige Frau zu binden und sich darüber hinaus noch «ein Kind auf den Hals zu laden». Er schreibt Emma einen Abschiedsbrief und verläßt sie. Auch bei ihrem zweiten Liebhaber, dem jungen Rechtspraktikanten Léon, findet Emma Bovary nur ein flüchtiges, oberflächliches Glück und nicht die dauerhafte, romantische Liebe, die ihre Phantasie seit ihrer Jugend beflügelt. Enttäuscht erkennt sie «im Ehebruch alle Schalheiten der Ehe wieder». Als sie schließlich in einer ausweglosen finanziellen Situation von ihren Liebhabern im Stich gelassen wird, greift Emma in ihrer Verzweiflung zu Arsen.

Ebenso eindringlich wie die Freuden beschreibt Flaubert auch die Schattenseiten des Ehebruchs, an denen Emma Bovary schließlich zugrunde geht: «Dann begann sie zu stöhnen, zuerst nur leise. Ein heftiger Frost schüttelte ihre Schultern. Sie wurde bleicher als das Bettuch, in das ihre Finger sich krampfhaft einkrallten. Ihr unregelmäßiger Pulsschlag war kaum noch fühlbar. Kalte Schweißtropfen rannen über ihr bläulich erstarrtes Gesicht, das wie von einem metallischen Dunst beschlagen aussah. Die Zähne schlugen ihr gegeneinander, ihre erweiterten Augen irrten ausdruckslos umher... Allmählich wurde das Stöhnen heftiger. Ein dumpfer Aufschrei entrang sich ihr... Sie brach alsbald Blut aus. Ihre Lippen preßten sich noch krampfhafter zusammen, ihre Gliedmaßen krümmten sich, ihr Körper war bedeckt mit braunen Flecken, und ihr Puls fühlte sich an wie ein straff gespannter Faden, wie eine Saite, die am Zerreißen ist... Ihre Brust begann alsbald heftig zu keuchen. Die Zunge trat ganz aus dem Munde, die Augen rollten in den Höhlen und erbleichten wie zwei erlöschende Lampenglocken...»[5]

Emma Bovary stirbt nach einem langen, qualvollen Todeskampf, in dem sie für die «Freuden der Liebe», für die «Leidenschaft, Ekstase und den seligen Taumel» büßte, die sie in den Armen ihrer Liebhaber erlebt hatte. Trotz des grauenvollen Todes seiner Hauptfigur, entfachte der Roman, als er 1857 in Paris veröffentlicht wurde, einen Sturm der Entrüstung. In einem aufsehenerregenden Prozeß, der später allerdings mit einem Freispruch endete, warf man Flaubert vor, den Ehebruch bagatellisiert und damit gegen die öffentliche Moral verstoßen zu haben. Und mehr als hundert Jahre später charakterisiert Hans Reisinger im Nachwort einer deutschen Ausgabe des Romans[6] Emma Bovary noch als «innerlich dürftige und haltlose, ganz vom eigenen kleinen Ich erfüllte Weibchenseele». Als eine egoistische und liebesunfähige Person, «denn wir suchen nahezu vergeblich nach einem wertvollen oder auch nur sympathischen Charakterzug dieser Gestalt». Was Emma Bovary für ihre beiden Liebhaber empfand, sind für Hans Reisinger lediglich «Schmacht und Sucht einer nichtigen Weibchenseele in einem zur Liebe geschaffenen Körper»(!). Das was die junge, lebensbejahende Frau aus ihrem engen und langweiligen Ehealltag hinaustrieb, wird hier als ihre persönliche Unzulänglichkeit und Charakterschwäche ausgelegt. Mit keiner Silbe erwähnt Reisinger die unsichere, leidvolle Situation einer Frau, die in ihrer Ehe keine Erfüllung findet. Kein Wort über den rigiden Sittenkodex einer Zeit, der Frauen zu Frustration und Resignation verdammte, wenn sie ihre sinnlichen Träume innerhalb der Ehe nicht verwirklichen konnten. Kein Wort auch über den Ehemann, der zwar mit einer dumpf-ergebenen Liebe an seiner Frau hing, andererseits aber offensichtlich kein sinnlicher Mensch und darüber hinaus mit einem recht schlichten Gemüt ausgestattet zu sein schien. Ein Mann, dessen Unterhaltung Flaubert als «platt wie ein Trottoir» bezeichnete, «auf dem sich Allerweltsgedanken in Alltagskleidern» herumbewegten, «weder zu Entgegnung noch einem Lachen oder zum Nachdenken anregend». Aber nach dem Sittenkodex ihrer Zeit hätte Emma Bovary nicht aus ihrer Ehe ausbrechen dürfen, sondern ihrem Mann als «treue Gefährtin» zur Seite stehen und sich in ihr Schicksal fügen müssen. Die «Freuden und Wonnen des Ehebruchs», die im Roman so anschaulich geschildert werden, beeindruckten und berührten offenbar so tief, daß sie auch durch das entsetzliche Ende der Heldin nicht vollends «gesühnt», das heißt relativiert werden konnten.

Machen wir einen Sprung in die Gegenwart. Seit dem Erscheinen von «Madame Bovary» hat sich manches verändert. Eine «Lady Chatterley», die in ihrer außerehelichen Liebesromanze eine die Fesseln der Konvention sprengende Leidenschaft erlebt, ruft heute kaum noch breite Empörung hervor. Ebensowenig die Pariser Intellektuelle George, die sich in «Salz auf unserer Haut» eine lebenslange erotische Nebenbeziehung mit einem bretonischen Fischer erlaubt. Aber hat die Flut der erotischen (und pornographischen) Literatur, die vor allem seit dem Ende der sechziger Jahre den Markt überschwemmt, auch an dem jahrhundertealten Treue-Ideal gerüttelt? Es gibt gegenläufige Tendenzen, die zum Beispiel in Filmen wie «Eine verhängnisvolle Affäre» deutlich werden. Der Streifen, der 1988 in der Bundesrepublik anlief, zeichnet kinoplastisch das Schreckgespenst der aktiv begehrenden Frau, die den (mit einem sanftmütigen und liebevollen Wesen) verheirateten Geliebten auf Schritt und Tritt verfolgt. Gezeigt wird eine Furie, eine Verrückte, die in ihrem Wahn nicht davor zurückschreckt, die heile Familienwelt des begehrten Mannes zu zerstören. Am Ende des Films ereilt auch diese Anti-Heldin noch die «gerechte Strafe», sie bezahlt mit ihrem Leben. Ein anderes Beispiel, das auf den ungebrochen hohen Stellenwert des Treue-Ideals in der westlichen Kultur hinweist, ist der 1984 entstandene Film «Der Liebe verfallen», in dem Meryl Streep eine verheiratete Frau und Robert de Niro einen verheirateten Mann spielen. Sie begegnen sich zufällig und verlieben sich ineinander, obwohl sie mit außerordentlich sympathisch gezeichneten Partnern zusammenleben. Wie die Kinobesucher in den USA darauf reagierten, beschreibt der amerikanische Familientherapeut Frank Pittman: «Die Zuschauer sehen mit Schrecken, wie die beiden Hauptakteure von Schuldgefühlen gepeinigt werden, weil sie ihre festen Lebenspartner betrügen, wie sie ihre Ehen ruinieren und geschieden werden.»[7] Obwohl man sehr darauf bedacht war, die beiden Hauptfiguren eindeutig erst nach ihrer beider Scheidung miteinander schlafen zu lassen, löste der Film – nach den Schilderungen von Frank Pittman – bei den Zuschauern in den USA großes Unbehagen aus: «Das Publikum, das sich zwischen der Liebesromanze und den Ehen der Protagonisten hin- und hergerissen fühlte, rebellierte gegen diese Situation – und der Film fiel durch. Wenn die betrogene Person als Monstrum dargestellt wird, können wir die Untreue akzeptieren, aber wenn sowohl die Treulosen als auch die Betrogenen ‹die Guten› sind, geht es nicht an, Untreue zu belohnen.»[8]

Diese Äußerungen des amerikanischen Familientherapeuten decken sich mit der weitverbreiteten Einstellung, wonach «Untreue» allenfalls dann «gestattet» ist, wenn der Betrogene dem Betrüger das Leben zur Hölle macht und die Liebesaffäre letzterem dazu verhilft, sich aus einer zerstörerischen Beziehung zu befreien. Ansonsten gilt die sexuelle Treue gegenüber dem Lebenspartner, wie es aus den eingangs geschilderten Umfrageergebnissen hervorgeht, nach wie vor als hoher moralischer Wert. Wer dagegen verstößt, wird zum «Betrüger», zum «Verräter», ist «untreu», geht «fremd», oder macht einen «Seitensprung». In diesen negativ konnotierten Begriffen unserer Sprache zeigt sich sehr deutlich, worum es geht: nicht etwa um die Treue zu sich selbst, die sich zwangsläufig auch mal gegen den Partner richten kann, sondern um den Vorrang von Ehe und Zweierbeziehung. Dahingehend sollen die Sinne diszipliniert werden. Und weil Liebesverhältnisse mit Drittpersonen eine ernstzunehmende Bedrohung für die «Institution» Paarbeziehung darstellen, sollen die Genitalien für Außenseiter tabu bleiben. Den Begriff der Treue derart auf das Sexuelle zu reduzieren blendet völlig aus, daß Paare sich auch auf vielfältige andere Weisen und eben nicht nur in sexueller Hinsicht betrügen können. Die gängigen Formen der Untreue sind weniger spektakulär: Etwa dann, wenn Paare unehrlich oder unaufrichtig zueinander sind, wenn sie nebeneinanderher leben, weil kein Austausch mehr über wichtige Gedanken und Gefühle stattfindet und ihre Beziehung längst «im gemütlichen Elend des Alltags»[9] verdümpelt ist. Mit anderen Worten, wenn sie sich mit Langeweile, Desinteresse oder gar mit unterschwelliger Feindseligkeit arrangiert haben und in ihrer sexuellen Treue zueinander verarmt sind.

Wenn wir Anspruch und Realität miteinander vergleichen, zeigt sich eine tiefe Kluft zwischen dem hohen Treue-Ideal (oder vielleicht genauer gesagt, Treue-Bedürfnis) auf der einen und dem Liebes-Alltag auf der anderen Seite. In den vergangenen Jahrhunderten waren es vornehmlich Männer, die Erotik und Sexualität auch außerhalb der Ehe suchten. Sie begnügten sich längst nicht nur mit ihren Ehefrauen, sondern wichen zur Befriedigung ihrer sexuellen Wünsche, je nach Sozialstatus und Finanzkraft, zu Kurtisanen, Mätressen, Geliebten und Prostituierten aus. Da ein Verstoß gegen die (Doppel-)Moral einer patriarchalen Gesellschaft für Männer selten negative Folgen nach sich zieht, konnten diese auch bis in die Gegenwart hinein eine Sexualmoral propagieren, die sie in ihrem Alltagsleben immer wieder hintergehen und außer Kraft setzen. Doch ganz so einfach und eindeutig stellt sich diese «Ordnung der Geschlechter» heute nicht mehr dar. Psychologische Studien aus den achtziger Jahren offenbaren, wie es in den westlichen Ländern nunmehr tatsächlich um die sexuelle Enthaltsamkeit außerhalb von Ehe und Partnerschaft bestellt ist:

- 72 Prozent aller Verheirateten im deutschsprachigen Raum gehen mindestens einmal während der Ehe fremd.[10]
- 58 Prozent der Frauen und 70 Prozent der Männer in Deutschland sind ihrem Partner untreu.[11]
- In 50 Prozent der amerikanischen Familien kommen Seitensprünge und heimliche Liebesbeziehungen vor.[12]
- Jede achte Engländerin hatte eine Affäre mit einem verheirateten Mann.[13]

- 66 Prozent aller Italienerinnen gehen fremd; demgegenüber 32 Prozent der Männer.[14]

Aus einer Befragung unter Westberliner Studentinnen und Studenten im Jahre 1988 geht hervor, daß zwei Drittel von ihnen die *Neuaufnahme* sexueller Kontakte einschränkt (aufgrund der Aids-Gefahr). Andererseits hat die Zahl der Nebenbeziehungen zwischen 1981 und 1988 nicht etwa ab-, sondern zugenommen (d. h. sie werden länger aufrechterhalten).[15]

Shere Hite ermittelte in ihrem jüngsten Report, daß 70 Prozent der befragten Frauen, die mehr als fünf Jahre verheiratet sind, außerhalb der Ehe Geschlechtsverkehr haben – obwohl sich fast alle für Monogamie aussprechen.[16]

Nach den Ermittlungen des Prostituierten-Kollektivs Hydra suchten in der (alten) Bundesrepublik 1989 *täglich* etwa 1,2 Millionen Männer Prostituierte auf.[17] Der Gang ins Bordell, der ihnen «größte Verfügungsmöglichkeiten über die weiblichen Genitalien bei maximaler Distanz»[18] bietet, gilt in der patriarchalen Gesellschaft als ein selbstverständliches Recht des Mannes, von dem er allenorts und zu jeder Zeit Gebrauch machen kann. Und so ist denn der «normale Freier» nach Aussagen des Kollektivs auch der ganz «normale Mann»: Ehemänner und Familienväter aus unterschiedlichen Berufs- und Sozialschichten, die sich sexuelle Dienstleistungen von Frauen finanziell leisten können, wann immer es sie danach gelüstet.

Diese Zahlen fördern gleich zwei Trends zutage. Zum einen wird deutlich, daß die große Mehrheit der Bevölkerung insgesamt in ihrem realen Verhalten genau von dem Ideal abweicht, das sie in der privaten Wertehierarchie ganz oben ansiedelt: der sexuellen Treue in der Liebesbeziehung. Zum anderen widerlegen die Zahlen das liebgewonnene Vorurteil von der polygamen Natur des Mannes und der monogamen Orientierung der Frau. Es wird offenkundig, daß es längst nicht mehr nur Männer sind, die Normen übertreten, die sie kraft ihrer «kulturellen Definitionsmacht» [19] selbst geschaffen haben. Auch Frauen verstoßen immer häufiger, jedoch nicht mit der gleichen Selbstverständlichkeit, gegen ein Ideal, das bis vor kurzem in der Praxis noch vornehmlich *gegen* sie gerichtet war. Die Lockerung der sexuellen Normen macht es möglich, daß die Mehrheit der Männer *und* Frauen, zumindest zeitweise, manchmal auch über Jahre hinweg, gerade das Ideal Lügen strafen, das sie, den eingangs genannten Studien zufolge, am meisten anstreben. Eine offensichtlich paradoxe Situation, die von Psychiatern, Psychologen und Paartherapeuten unterschiedlich bewertet wird.

Eine überaus kritische Haltung gegenüber außerehelichen Liebesverhältnissen nimmt der amerikanische Psychiater und Familientherapeut Frank Pittman ein, für den «Untreue» die Hauptursache für die Zerrüttung von Familien und die «verheerendste Erfahrung in der Ehe» [20] ist. Nach seiner Auffassung sind Affären äußerst komplexe Beziehungen, denn «sie beinhalten ein erhebliches Maß an Wut, die sich zum Teil gegen den Ehepartner, zum Teil gegen den Affärenpartner, zum Teil gegen die Institution Ehe und zu sehr großen Teilen gegen das jeweils andere Geschlecht richtet» [21]. «Echte» Zuneigung, Freundschaft oder gar Liebe ist nach seiner Überzeugung nur «ein geringfügiger Bestandteil dieses brodelnden Gemischs von Emotionen» [22]. «Untreue», von Frank Pittman häufig auch als «sexuelles Abenteuer» bezeichnet, dürfe nicht als «normales Verhalten», sondern müsse stets als Symptom eines Problems betrachtet werden. Er weist eindringlich darauf hin, daß Affären häufig Ehen zerstörten, zu unabsehbaren Schäden bei den gemeinsamen Kindern führen könnten und somit ein hochgradiges Gefahrenpotential in sich trügen. «Unsere sexuellen Abenteuer und die sexuellen Abenteuer unserer Partner bedrohen nicht nur die Stabilität unserer Paarbeziehungen, unsere Kinder, unser Glück, sondern sie bedrohen sogar unser Leben.» [23] Am Ende seines Buches gibt Frank Pittman deshalb Ratschläge und Orientierungshilfen, wie solche risikoreichen

Unterfangen vermieden und Monogamie zu einer praktikablen Alternative werden könnten.

Weniger dramatisch beurteilt es der Psychiater und Ehetherapeut Jürg Willi, wenn sich in einer Paarbeziehung einer der beiden Partner (vorübergehend) nach außen wendet. Jürg Willi spricht zwar von der «gesunden Ehe», in der sich die Partner als Paar begreifen und in ihrer Dyade deutlich nach außen abgrenzen. Andererseits hebt er jedoch auch hervor, daß diese Grenzen nach außen nicht starr und undurchlässig sein sollten. «Rigide Grenzen sind Kommunikationsbarrieren, die das Zusammenleben verkümmern und absterben lassen.»[24] Und an anderer Stelle: «Ein in sich abgeschlossenes Paar ist ein pathologischer Zustand. Das Sich-Einlassen und Auseinandersetzen mit Drittpersonen ist für die Gesunderhaltung und Weiterentwicklung eines Paares notwendig!»[25] Mit diesen Drittpersonen sind natürlich nicht zwangsläufig außereheliche Liebespartner gemeint. Allerdings geht Jürg Willi davon aus, daß «kurzdauernde außereheliche Erfahrungen gelegentlich eine wesentliche Bereicherung sowohl für das Individuum wie für eine Ehebeziehung sein können, obwohl sie meist alle oder zumindest einzelne der Beteiligten unter schweren psychischen Streß setzen»[26]. Der Ehetherapeut räumt ebenfalls ein, daß für manche Paare eine Außenbeziehung, wenn auch nicht die ideale, so doch die beste Lösung oder «der tragbarste Kompromiß»[27] für ihre Partnerschaft sein kann.

Der Psychoanalytiker Michael Lukas Moeller wiederum meint, Treue «müßte nicht versprochen werden, existierte als Wort nicht, wäre sie nicht utopisch»[28]. Er vergleicht das Treuegelöbnis und die Treueforderung in der Liebe mit dem Anspruch der ausschließlichen Bindung, wie er für Sekten kennzeichnend ist und kommt zu dem Schluß, daß «Treue der Anfang von Befehl und Gehorsam»[29] sei. Der Psychoanalytiker verweist dabei lakonisch auf die überfüllten Frauenhäuser und konstatiert: «Wie eigenartig klingt in diesem Zusammenhang bei einer Trauung die offizielle Formulierung des Standesbeamten, der von ‹Treue bis zum letzten› spricht.»[30]

Auch für die Psychoanalytikerin Marina Gambaroff ist Treue eine Utopie. Die Therapeutin betont, Treue lasse sich *als Prinzip* ebensowenig verwirklichen wie Untreue, obwohl beides lebbar sei. Sie geht davon aus, daß Untreue mit Treue und Treue mit Untreue abgewehrt werden könne. «Hinter rigiden Forderungen nach Einhaltung von Treue können neben einer starken Normabhängigkeit Symbiosetendenzen, Kontaktängste, Unfähigkeit zur Selbstverwirklichung und vieles andere mehr stehen. Dies alles kann jedoch genausogut das Motiv für Untreue sein.»[31] Treue ist für Marina Gambaroff «kein Zustand, sie ist zu gewinnen. Darin besteht ihr Scheitern. Darin besteht ihre Utopie.»[32]

Ganz allgemein gesprochen zeichnet sich bei einigen Psychotherapeuten ein Wertewandel[33] im Hinblick auf das Dogma der sexuellen Treue innerhalb einer festen Zweierbeziehung ab. Wer sich heute eine flüchtige Affäre erlaubt oder eine Außenbeziehung eingeht, erscheint nicht mehr automatisch als neuroseverdächtig oder als liebes- und bindungsunfähig. Als Erklärung für die Seitenbeziehung werden nicht mehr zwangsläufig frühkindliche Traumata und individuelle Fehlentwicklungen herangezogen. Innerhalb der Paartherapie geht man heute eher davon aus, daß «Untreue» auf Unzufriedenheiten oder Defizite in der bestehenden Partnerschaft hinweist. Seltener allerdings wird erwogen, daß die Ursache einer Affäre vielleicht *weder* Persönlichkeitsstörungen *noch* Mangelgefühle in der Zweierbeziehung sind, sondern schlicht in der Faszination liegt, die ein Dritter (und sei es vorübergehend) auf einen der beiden Partner ausübt.

Eine Einschätzung, die deutlich von der seiner Kollegen abweicht, vertritt der Paartherapeut Michael Cöllen.[34] Er sieht in außerehelichen Liebesverhältnissen nicht allein ein Symptom für Krisen und Konflikte innerhalb der Paarbeziehung, sondern ebenso einen «Ausdruck des gesunden Lebens und der Lebenskraft des einzelnen». Nach seiner Auffassung durchläuft jede dauerhafte Paarbeziehung verschiedene Zyklen, angefangen vom Zyklus der Hingabe über den des Aufbaus und der Lebensmitte bis hin zu einem Zyklus des Alterns und der neuen Zweisamkeit. In jedem dieser Zyklen verändere sich auch das jeweilige Bedürfnis nach Treue und Untreue. «In der Realität gibt es keine absolute Treue. Der Mensch ist nicht statisch, sondern er wandelt sich ständig und kann nicht für alle Zeiten auf die Gefühle, die er am Beginn einer Partnerschaft erlebt, festgelegt werden.» Eine lebendige Paarbeziehung sei deshalb ein sich permanent veränderndes Gebilde, in dem die Liebe nur mit Widersprüchen, Ambivalenzen und vor allem in einer ständigen Bewegung zwischen den beiden Polen Nähe und Distanz gedeihen könne. Das Individuum wie auch das Paar brauchen nach Überzeugung von Michael Cöllen «die Untreue manchmal so dringend zum Leben wie der Dürstende das Wasser, selbst wenn sie nicht in jedem Fall ausgelebt bzw. vollzogen wird». Das eigentliche Übel läge im Zwang zur Treue, der häufig die Untreue erst hervorbringe. Wenn Menschen sich nicht frei zwischen Treue und Untreue entscheiden können, dann bedeutet das nach Cöllens Auffassung «eine einseitige Festlegung auf den Pol Sicherheit und Geborgenheit, und das führt auf die Dauer unweigerlich zu Routine, Erstarrung und Austrocknung der Partnerschaft, weil die Spannkraft im Gegenpol fehlt». Eine Seitenbeziehung könne auch der eigenen Gesunderhaltung dienen, «besonders dann, wenn ein Partner durch den anderen lange Zeit sexuell abgewertet, überfordert oder gar mißhandelt wurde. Untreue ist dann so etwas wie Erste Hilfe, mit der das verletzte Selbstwertgefühl wieder hergestellt werden kann». Insgesamt sollten wir aufhören, außereheliche Liebesverhältnisse moralisch abzuwerten. Denn «in einer pluralistischen Gesellschaft gibt es auch pluralistische Formen der Liebe. Angefangen von der traditionellen Ehe, über die Ehe ohne Trauschein, bis hin zum Partnertausch, zu flüchtigen Affären oder langjährigen Außen- und Dreiecksbeziehungen.» Der Paartherapeut plädiert für Toleranz gegenüber unterschiedlichen Liebesformen, die für ihn «nicht Ausdruck von moralischem Verfall, sondern von kreativer Vielfalt aktueller Lebensformen» sind.

Eine auf den ersten Blick unbequeme Auffassung, die das – verbal – so hoch gehaltene Treue-Ideal nicht nur hinterfragt, sondern tendenziell sogar als schädigend bezeichnet, «für die Liebe, die nur in einem ständigen Veränderungsprozeß lebendig bleiben kann». Unbequem gerade deshalb, weil durch den Bedeutungsverlust der Zwangsmoral jedes Individuum und jedes Paar, sowohl in Eigenverantwortung als auch im Konsens miteinander, einen zufriedenstellenden und gangbaren Weg für sich finden muß – und zwar immer wieder von neuem.

FRAUEN ERPROBEN NEUE FREIRÄUME

Was für das eine Geschlecht seit Menschengedenken als eine Art Naturrecht gilt, wurde dem anderen jahrhundertelang unter Androhung brutaler Strafmaßnahmen untersagt: außerhalb der Ehe sexuelle Beziehungen einzugehen. So durften in der Antike Ehebrecherinnen auf der Stelle von ihren Männern getötet, gesteinigt, verstoßen oder lebenslänglich eingesperrt werden.[1] Aber auch als in der Spätphase der westlichen patriarchalen Hochkulturen das Recht des Mannes, seine untreue Ehefrau zu strafen, an die patriarchale Gerichtsbarkeit überging (Herrad Schenk), bedeutete das keineswegs, daß man nachsichtiger mit Ehebrecherinnen verfuhr. So führte zum Beispiel Oliver Cromwell noch im Jahre 1650 im englischen Strafrecht die Todesstrafe für Ehebrecherinnen ein.[2]

Wie unterschiedlich deutsche Gesetze während einer Epoche den Ehebruch des Mannes und den der Frau bewerteten, zeigt die Geschichte der Kurprinzessin Sophie Dorothee von Hannover, an die Hannelore Schäfer mit ihrem Film «Die Gefangene von Ahlden»[3] erinnerte. Im ausgehenden siebzehnten Jahrhundert verband die junge Gemahlin des Kurprinzen Georg Ludwig von Hannover eine leidenschaftliche Liebe mit dem Grafen von Königsmark, der im Dienste des sächsischen Kurfürsten stand. Nachdem man Liebesbriefe als Beweis für den Ehebruch der Kurprinzessin gefunden hatte, wurde Sophie Dorothee verhaftet und der vorsätzlichen Desertion bezichtigt. Sie habe mit ihrem Geliebten das Land verlassen wollen, warf man ihr – ohne jegliches Beweismaterial – vor. Im Januar 1695 wurde auf Betreiben des Kurprinzen die Scheidung ausgesprochen und Sophie Dorothee, im Alter von 29 Jahren, für unbestimmte Zeit auf das Wasserschloß Ahlden westlich von Celle verbannt. Sie ahnte nicht, daß sie dort den Rest ihrer Tage in völliger Abgeschiedenheit von der Außenwelt verbringen würde. Anfangs durfte sie sich nur innerhalb des Schlosses bewegen, später erlaubte man ihr Ausfahrten im Umkreis von zwei Kilometern. Außer ihrer Mutter, einem Arzt und einem Geistlichen gestattete man ihr keinerlei Besuche. Zwei Gnadengesuche und selbst die Fürsprache ihrer Kinder blieben ohne Erfolg. 1726 starb sie, im Alter von sechzig Jahren, krank, aufgeschwemmt und in völliger Vereinsamung. Einunddreißig Jahre Verbannung und Gefangenschaft – das war der Preis, den die Kurprinzessin für ihre Liebe zu einem anderen bezahlen mußte. Ihr Mann Georg Ludwig hingegen konnte während der Ehe, unbehelligt und ungestraft, seinem Liebesverhältnis mit der Melusine von Schulenberg nachgehen. Ein Recht, das ihm wie allen männlichen Angehörigen der höfischen Gesellschaft zustand und von dem er uneingeschränkten Gebrauch machen konnte.

Nichtsdestotrotz erscheint das Schicksal der Kurprinzessin Sophie Dorothee noch relativ milde, verglichen mit den drastischen Strafmaßnahmen gegen bürgerliche Ehebrecherinnen. Hannelore Schäfer verweist in ihrem Film auch auf solche Gerichtsverfahren. So geht aus erhaltengebliebenen Prozeßakten des Jahres 1694 hervor, daß eine Frau, die wegen Ehebruchs angeklagt war, aus der Stadt Hannover verwiesen wurde, nachdem man ihr die Finger der rechten Hand abgeschlagen hatte...

Frauen, die sich in der Vergangenheit sexueller Vergehen schuldig machten, wurden längst nicht nur mit formaljuristischen Mitteln verfolgt. Die Sozialwissenschaftlerin Herrad Schenk weist darauf hin, daß das patriarchale System über Jahrhunderte Frauen, die keinen untadeligen Ruf mehr hatten, als Huren stigmatisierte. «Die patriarchale Doppelmoral erklärte alle Frauen zu Huren, die mit einem anderen als ihrem Ehemann Geschlechtsverkehr hatten... Jede Frau, die für sich das Recht auf sexuelle Selbstbestimmung in Anspruch nahm und sich ihre Liebhaber selbst wählte, lief Gefahr, von den Männern als Hure eingestuft und kollektiver Belästigung ausgesetzt zu sein.»[4] Das ging häufig so weit, daß männliche Jugendbanden in die Häuser sittlich bescholtener Frauen eindrangen und sie vergewaltigten, denn «wenn sie schon einmal ‹gehurt› hatte, dann sollte sie auch öffentlich als Hure gebrandmarkt werden, und jeder, der wollte, konnte sich bedienen»[5].

Daß brutale Bestrafungsaktionen gegen «Ehebrecherinnen» keine Greuelmärchen aus längst vergangenen Zeiten sind, zeigt ein Blick auf die geltende Rechtspraxis in manchen islamischen Ländern. «Das Gewicht, das die Gesellschaft den sexuellen Vergehen von Frauen zuschreibt, zeigt sich schon an der Art der Bestrafung: sexuelles Fehlverhalten einer Frau wird, wie sonst nur das Verbrechen des Mordes, mit der Todesstrafe geahndet», berichten Cheryl Benard und Edit Schlaffer aus verschiedenen Teilen der arabisch-islamischen Welt.[6] Und in einem Bericht des Hessischen Rundfunks vom 11. Januar 1992 verweist die Autorin Sonja Balbach auf Forderungen fundamentalistisch eingestellter Muslime aus der Islamischen Heilsfront in Algerien. Sie dringen darauf, daß Ehebrüche – bei Frauen(!) – nach dem religiösen Gesetz, das heißt mit Steinigung oder Auspeitschung bestraft werden. Gerade in jüngster Zeit sind erschreckende Berichte über die Ausübung solcher «Rechtspraktiken» erschienen.[7]

Im Bürgerlichen Gesetzbuch Deutschlands, das als einheitliche zivile Rechtsverfassung im vergangenen Jahrhundert entstand und 1896 erstmalig veröffentlicht wurde, wird der Ehebruch nicht mehr erwähnt. Nach dem Rechtsgrundsatz «keine Strafe ohne Gesetz» (§ 1 des Strafgesetzbuches) kann nicht bestraft werden, was nicht ausdrücklich im Gesetz als strafbare Handlung definiert ist. Damit entfällt eine der jahrhundertealten sexuellen Disziplinierungsmaßnahmen, von der Frauen im Lauf der Geschichte ungleich stärker betroffen waren als Männer. Der Ehebruch gilt heute als Privatsache eines jeden Paares und wird – zumindest de jure – beim weiblichen Geschlecht ebensowenig geahndet wie beim männlichen.

Wenn Frauen inzwischen fast ebensohäufig wie Männer außereheliche Liebesverhältnisse eingehen, dann nicht nur deshalb, weil der Ehebruch seit langem kein Straftatbestand mehr ist. Mindestens ebenso bedeutsam sind die ökonomischen und (psycho-)sozialen Entwicklungen der vergangenen dreißig Jahre, die das traditionelle Rollenverständnis der Geschlechter erschütterten. Der sexuelle Freiraum, den Frauen heute außerhalb der Ehe und festen Zweierbeziehung nutzen können, wäre nicht entstanden ohne:

- Die Entwicklung sicherer empfängnisverhütender Mittel, die die Trennung von Sexualität und Fortpflanzung ermöglichten.
- Die Lockerung der Sexualmoral, die zu einer Aufwertung der Sexualität insgesamt und zu einer höheren sozialen Toleranz gegenüber vor- und außerehelichem Geschlechtsverkehr führte.
- Die zunehmende Erwerbstätigkeit der Frauen, die ihnen ein eigenes Einkommen, damit (zumindest tendenziell) Unabhängigkeit vom Lebenspartner und bessere ökonomische Voraussetzungen für eine Trennung bietet.
- Das durch die verbesserten Bildungs- und Berufschancen gewachsene Selbstbewußtsein der Frauen, das sich im «Kampf um eigenen Raum»[8] ausdrückt, sie weniger anfällig für die traditionell weibliche Verzichthaltung und anspruchsvoller dem «eigenen Leben» gegenüber werden läßt.

Den veränderten Vorstellungen der Frauen von Ehe und Zweierbeziehung, in der der Mann nicht mehr als (Familien-)Oberhaupt sondern, als gleichrangiger Partner begriffen wird, steht nach Beobachtungen von Sozialwissenschaftlern allerdings noch keine nennenswerte Bereitschaft der Männer gegenüber, traditionelles Rollenverhalten abzulegen. So stellen die beiden Soziologen Elisabeth Beck-Gernsheim und Ulrich Beck trotz der «epochalen Veränderungen» in den Bereichen Sexualität, Recht und Bildung und den gestiegenen Ansprüchen der Frauen auf mehr Gleichheit in der Partnerschaft «gegenläufige Entwicklungen im Verhalten der Männer» fest. Die Männer, so das Autorenpaar, hätten eine «Rhetorik der Gleichheit» eingeübt, ohne ihren Worten Taten folgen zu lassen. «Die Widersprüche zwischen weiblicher Gleichheitserwartung und Ungleichheitswirklichkeit, zwischen männlichen Gemeinsamkeitsparolen und Festhalten an den alten Zuweisungen spitzen sich zu und bestimmen... im Privaten und Politischen die künftige Entwicklung.» Weil das Selbstbewußtsein der Frauen den Verhältnissen vorausgeeilt, das Verhalten der Männer hingegen, trotz verbaler Aufgeschlossenheit, konstant und starr geblieben sei, prognostizieren die beiden Sozialwissenschaftler für die kommenden Jahre ein «Gegeneinander» und einen langwierigen Konflikt zwischen den Geschlechtern.[9]

Auch aus der 1985 von Sigrid Metz-Göckel und Ursula Müller vorgestellten repräsentativen Studie «Der Mann» geht hervor, daß letzterer von einem partnerschaftlichen Rollenverständnis noch meilenweit entfernt ist. Trotz gestiegener eigener Erwerbstätigkeit ist die große Mehrheit der Frauen weiterhin ausschließlich für Haushaltsarbeit und Kindererziehung zuständig. «Väter kochen nicht, waschen nicht, sie wischen nicht. Sie beteiligen sich so gut wie gar nicht an der Hausarbeit. Sie begnügen sich mit einem finanziellen Beitrag zur Haushaltsführung und Kindererziehung.»[10] Wie wenig sich seitdem geändert hat, zeigt die von der Bundesregierung in Auftrag gegebene erste große vergleichende Umfrage zur Gleichberechtigung in den alten und neuen Bundesländern. Nach der im Februar 1992 veröffentlichten Studie werden die Frauen nach wie vor nicht nur im Berufs-, sondern auch im Familienleben drastisch benachteiligt. So wird etwa im Bereich des Haushalts deutlich, daß die herkömmliche Rollenverteilung weiterhin die Norm ist: In den alten und neuen Bundesländern sind es zu mehr als 70 Prozent die Frauen, die putzen, waschen und kochen. Darüber hinaus überwiegt in den alten Bundesländern bei fast der Hälfte der Befragten die Einstellung, daß Frauen zugunsten der Kindererziehung für längere Zeit auf die Berufstätigkeit verzichten sollten.[11] Von Gleichberechtigung im Berufs- und Familienleben kann demnach hierzulande noch lange keine Rede sein.

Wenn Frauen sich zunehmend kritisch über Ehen und Partnerschaften äußern, dann geht es nicht nur um eine gerechtere Verteilung der gemeinsamen Haus- und Familienarbeit. Sie zeigen sich allmählich der Tatsache überdrüssig, daß ihre Lebensgefährten offenbar wenig bereit oder in der Lage sind, ihre Gefühle deutlich mitzuteilen. Diese Klagen sind nicht neu! Den Frauen fehlen Nähe und Zärtlichkeit ebenso sehr wie Kommunikation und Gedankenaustausch mit dem Mann, mit dem sie ihr Leben teilen. Mit erschreckender Deutlichkeit zeigen die Statistiken, wie es in der Bundesrepublik um das eheliche Leben bestellt ist:

- 80 Prozent der Frauen vermissen nach wenigen Jahren jegliches Interesse des Mannes an ihrer Gedanken- und Gefühlswelt und am angeregten Dialog.[12]
- Nach sechs Jahren Ehe würden nur noch 48 Prozent der Frauen ihren Mann wieder heiraten, hingegen 82 Prozent der Männer ihre Frau.[13]
- 70 Prozent aller Frauen erreichen nur schwer oder kaum einen Orgasmus.[14]
- Nach sechs Jahren Ehe sprechen die Partner durchschnittlich noch neun Minuten am Tag miteinander (in Österreich sogar nur sieben Minuten).[15]

Ein desolates Bild, das die gegensätzlichen Welten offenbart, in denen sich die Geschlechter bewegen. Es wird immer deutlicher, «daß die Erwartungen und Hoffnungen, die Männer und Frauen mit dem Stichwort Liebe verbinden, an wichtigen Punkten *nicht* übereinstimmen», konstatiert Elisabeth Beck-Gernsheim[16] und verweist dabei auf den provozierenden Begriff «Intimate Strangers» (Vertraute Fremde), den Lilian B. Rubin prägte. Die Fremdheit in der Liebesbeziehung sei vor allem darauf zurückzuführen, «daß Männer mehr die instrumentelle Seite von Liebe und Ehe betonen, die Versorgung im Alltag, ‹daß alles gut läuft›». Frauen dagegen legten immer noch viel mehr Wert auf «Gefühle und innere Nähe, eben ‹daß man einander versteht›».[17]

Die unterschiedlichen und oft unversöhnlich anmutenden Vorstellungen der Geschlechter vom Leben zu zweit drücken sich auch in den weiter ansteigenden Scheidungsraten aus. Wir wissen, daß in der Bundesrepublik im Durchschnitt jede dritte, in den Großstädten sogar jede zweite Ehe – in weit über zwei Dritteln aller Fälle auf Wunsch der Frauen – geschieden wird. Aus neueren Untersuchungen über Scheidungsursachen geht hervor, daß Frauen höhere Ansprüche an ein gutes, emotional erfüllendes Zusammenleben stellen und deshalb eher als Männer mit ihrer Ehe unzufrieden werden.[18] Ein Trend, den die Soziologin Elisabeth Beck-Gernsheim auf die Formel bringt: «Im Enttäuschungsfall gaben früher die Frauen ihre Hoffnungen auf. Heute dagegen halten sie an den Hoffnungen fest – und geben die Ehe auf.»[19]

Durchhalten oder Auseinandergehen sind jedoch nicht mehr die einzigen Alternativen. Frauen, die innerhalb ihrer festen Partnerschaft Frustrationen erleben, suchen sich – vorübergehend oder längerfristig – «Ersatz» und Erleichterung in Nebenbeziehungen. Die Gründe, die Frauen veranlassen, sich verbotenen «Subjekten (!) der Begierde» zuzuwenden, *ohne* sich vom Lebenspartner zu trennen, sind vielschichtig. Nicht selten liegen sie in ökonomischen Abhängigkeiten. Etwa dann, wenn die Frauen entweder gar nicht oder nur halbtags berufstätig sind oder den Betrieb des Mannes mit aufgebaut und sich so eine gemeinsame Existenzgrundlage mit ihm geschaffen haben. Die Angst, im Falle einer Trennung schwerwiegende materielle Einbußen hinnehmen zu müssen und möglicherweise an den Rand der Armut gedrängt zu werden, ist oft alles andere als unrealistisch. Von der «Feminisierung der Armut» (Diana Pearce) ist neben den Rentnerinnen und Frauen mit mangelnden beruflichen Qualifikationen vor allem die wachsende Gruppe der Geschiedenen und alleinerziehenden Mütter betroffen, die sich «nur einen Mann weit von der Sozialhilfe entfernt» [20] bewegen. Es ist aber nicht nur die nackte Existenzangst, die Frauen an unbefriedigenden oder lauwarmen Beziehungen festhalten läßt. Die einen fühlen sich moralisch dem Lebenspartner verpflichtet und wollen ihn mit einer Trennung nicht verletzen. Die anderen haben Schuldgefühle ihren Kindern gegenüber und zögern die Scheidung hinaus, bis letztere das Elternhaus verlassen haben. Wieder andere hegen die Befürchtung, ohnehin keinen «Besseren» zu finden und geben sich mit gelegentlichen Ausflügen aus dem Beziehungsalltag zufrieden. Daß ihre Bedenken nicht ganz unbegründet sind, das zeigen die obengenannten Studien, die den partnerschaftlich orientierten Mann als Angehörigen einer verschwindend geringen Minderheit ausweisen. Der «neue Mann» ist offenbar ein rares Exemplar. Darüber hinaus scheint er häufig als «moderner Macho» (Sigrid Steinbrecher), das heißt als traditioneller Herrscher in lediglich neuem Gewande aufzutreten. Ein Dilemma, das manche Frauen (verständlicherweise) resignieren läßt. Statt sich zu trennen, ziehen sie es vor, sich «mit dem, was man hat», zu arrangieren und die in der Zweierbeziehung bestehenden Defizite mit einem anderen Mann auszugleichen.

Andere Frauen wiederum verweisen auf die Vorzüge und positiven Aspekte ihrer festen Partnerschaft, die zwar in einigen, aber längst nicht in allen Bereichen als unbefriedigend oder gar kränkend erlebt werde. Sie gehen davon aus, daß *ein*

Mann allein ihnen ohnehin nicht alles geben kann und verteilen deshalb ihre Bedürfnisse auf den (Ehe-)Mann auf der einen und den Geliebten auf der anderen Seite. Eine Lebensform, die ihnen sowohl die Vertrautheit einer langjährigen Bindung wie auch gelegentliche (erotische) Ausflüge aus dem Beziehungsalltag ermöglicht. Dahinter mag sich in dem einen oder anderen Fall Verlustangst verbergen oder die Angst, ohne enge Bindung an eine vertraute Person den Anforderungen des Lebens nicht gewachsen zu sein. Im Festhalten an einer Zweierbeziehung, die zwar nicht alle Bedürfnisse befriedigt aber hinreichend Geborgenheit und Sicherheit vermittelt, kann sich die Sehnsucht, nach Heimat ausdrücken, parallel zur «inneren Heimatlosigkeit»[21], die viele Menschen durch den Bedeutungsverlust regionaler, religiöser und familiärer Bindungen erleben. «Je mehr andere Bezüge der Stabilität entfallen, desto mehr richten wir unser Bedürfnis, unserem Leben Sinn und Verankerung zu geben, auf die Zweierbeziehung... auf einen anderen Menschen, diesen Mann, diese Frau: Er oder sie soll uns Stabilität gewähren in einer Welt, die immer schneller sich dreht.»[22] Auch eine mit Defiziten behaftete langjährige Beziehung gibt möglicherweise inneren Halt in einer Zeit, in der sich äußere Veränderungen in rasantem Tempo vollziehen und den einzelnen immer mehr aus traditionellen Bindungen herauslösen.

Es gibt allerdings auch Frauen, die sich nach eigenem Bekunden in ihrer Ehe oder Zweierbeziehung «ausgesprochen wohl fühlen», ohne deshalb auch auf ein gelegentliches erotisches Abenteuer oder eine kurzfristige Affäre mit einem anderen Mann verzichten zu wollen. Dieses Verhalten wird bislang eher Männern zugeschrieben – sowohl die Annehmlichkeiten der über Jahre gewachsenen, vertrauten und sicheren Partnerschaft zu schätzen, als auch den besonderen Reiz flüchtiger Affären genießen zu können. Wenn sich nun aber Frauen, trotz einer intakten Zweierbeziehung, hin und wieder einen «Seitensprung» erlauben, dann stoßen sie in ihrer Umgebung nicht selten auf Unverständnis, Kritik oder gar offene Feindseligkeit. Frauen, die sexuell aktiv und fordernd erscheinen (und das tut die «untreue» Frau per se), lösen Unbehagen aus. Sie treffen auf die Relikte einer Moralvorstellung, die Frauen ein eigenständiges Begehren absprach. Jahrhundertelang ging man (und wohl auch frau) davon aus, Frauen seien an der körperlichen Liebe nicht sonderlich interessiert, nicht im ehelichen Schlafzimmer und erst recht nicht in den Armen eines Fremden. Noch bis weit in die fünfziger Jahre hinein glaubte man, die ehrbare Frau bewege nur der «Mutter*trieb*». Den Geschlechtsakt ließe sie eher passiv und gleichgültig, wenn nicht gar widerstrebend und zähneknirschend als «eheliche Pflicht» über sich ergehen. Frauen galten als tendenziell geschlechtskalt, leidenschaftslos und als nur an der Mutterschaft und der romantisch verklärten Liebe ihres Mannes interessierte Geschöpfe. Jedenfalls die anständigen unter ihnen. «Jede unverdorbene Frau ist von Natur aus geschlechtlich zurückhaltend» [23] kann man einem Aufklärungsbuch der dreißiger Jahre entnehmen. Frauen wurden – und werden bis in die heutige Zeit hinein – als *gefühl*volle, Männer hingegen als *trieb*hafte Wesen angesehen. Das in den letzten zweihundert Jahren entstandene Klischee, wonach Männer vor allem Sex, Frauen hingegen Liebe wollen, ist auch heute noch wirksam. Herrad Schenk führt es darauf zurück, «daß früher das Spiel für die Frauen in dem Augenblick zu Ende gespielt war, in dem das Liebespaar sich nicht mehr mit zärtlichen Worten und Blicken, tiefsinnigen Gesprächen und bedeutungsschweren Seufzern, harmlosen Küssen und Berührungen begnügte, sondern zum eigentlichen Geschlechtsverkehr überging» [24]. Frauen hatten dem Werben des Mannes heldenhaft zu widerstehen, um Herrin ihrer selbst zu bleiben, denn «im Augenblick, da sie sich hingab, gewann er Macht über sie» [25]. Darüber hinaus wäre «jede Form der aktiven Verführung, der Aufforderung zum Geschlechtsverkehr, der Regie bei der Wahl der Positionen, des Insistierens auf einem eigenen Orgasmus ... in höchstem Maße unzüchtig, ja geradezu nuttenhaft gewesen» [26].

Daß die patriarchalen Gesetze heute nicht mehr in dieser Schärfe gültig sind, zeigt sich auch am Beispiel eines kleinen, schmucken Jugendstil-Hotels in der Wiener Innenstadt, unweit von Burgtheater und Donaukanal. Ein Hotel besonderer Art. In den Zimmern der beiden oberen Etagen logieren hauptsächlich Künstler und Schriftsteller. Das Erdgeschoß und der erste Stock bleiben Liebespaaren vorbehalten, die sich hier für einige Stunden einmieten können. Waren es in vergangenen Jahrzehnten fast ausschließlich Männer, die für sich und ihre heimlichen Geliebten ein Zimmer buchten, so haben sich im Laufe der vergangenen zehn Jahre, nach Auskunft der Geschäftsführerin des Hotels, bedeutsame Veränderungen vollzogen. Heute sind es zwischen einem Drittel und 50 Prozent Frauen, die im «Orient» anrufen, ein Zimmer reservieren und immer häufiger auch selbst bezahlen. Frauen, die mit einer Zufallsbekanntschaft kurzfristig aus dem Ehealltag ausbrechen oder Stammgäste, die sich einmal die Woche für ein paar Stunden mit ihrem Geliebten in das kleine Hotel zurückziehen. Frauen aus allen Alters- und Sozialschichten. Zwanzigjährige, die sich hier mit ihrem heimlichen Freund treffen. Berufstätige Frauen zwischen dreißig und fünfzig, die auffallend sicher auftreten und mit der gleichen Selbstverständlichkeit wie eine Flug- oder Urlaubsreise im «Orient» für sich und ihren Geliebten ein Zimmer buchen. Daneben viele Frauen, denen man den Side-Step in einem Stundenhotel niemals zutrauen würde. So wie jener grauhaarigen Dame zwischen sechzig und siebzig, die seit genau sieben Jahren jeden Samstagvormittag im «Orient» verbringt. Mit einem gleichaltrigen Herrn, mit dem sie vor vielen Jahren einmal verheiratet war. Später ließen sie sich scheiden, kamen aber nie ganz voneinander los – und arrangierten sich deshalb mit einem jour fixe.

Daß sich eine Frau jenseits der Sechzig einmal die Woche in einem gemütlichen kleinen Hotel ein paar schöne Stunden mit ihrem Geliebten gönnt, das wäre noch vor zwanzig, dreißig Jahren undenkbar gewesen. Viele der herkömmlichen

Vorstellungen von Liebe und Sexualität, von Weiblichkeit und Männlichkeit sind seitdem ins Wanken geraten. Nichtsdestotrotz klebt an der Frau, die sich eine Affäre erlaubt, an der «Ehebrecherin», nach wie vor das Etikett des moralisch Verwerflichen. Was jahrhundertelang ein Privileg der Männer war, erotische Beziehungen auch außerhalb der Ehe einzugehen, ist trotz der Lockerung der sexuellen Normen noch längst keine Selbstverständlichkeit für Frauen. Sexuelle Selbstbestimmung gilt zwar inzwischen als eine Art Grundrecht für *beide* Geschlechter, doch an der Tatsache, daß die weibliche «Untreue» moralisch strenger bewertet wird als die männliche, daran hat sich bis zum heutigen Tag nicht viel geändert. Noch immer betrachtet man außereheliche Liebschaften von Männern als die Mitgift ihrer «ausgeprägteren Triebhaftigkeit». Frauen hingegen, die sich ab und zu ein Liebesverhältnis oder längere Nebenbeziehungen erlauben, verstoßen nicht nur gegen die christliche Sexualmoral, sondern auch gegen die traditionellen Rollenvorschriften, die ihnen Verzicht, Anpassung und selbstloses Handeln zuweisen. Frauen, die «fremdgehen», weichen aber auch vom Ideal der «ganzheitlichen Liebe» ab – welches sie nach Überzeugung mancher Psychologinnen gerade positiv von Männern unterschied. So vertrat die Psychotherapeutin Sigrid Steinbrecher in einer Rundfunksendung über Untreue die Auffassung, daß heimliche Liebesaffären und ein längerfristiges Doppelleben für Frauen eher belastend seien. «... Auf Dauer habe ich noch keine Frau erlebt, die mit dieser Spaltung glücklich ist. Ich glaube, da liegt eine fatale Verkennung der weiblichen Seele und auch der Selbstkenntnis vor, wenn Frauen sich so eine Männer-Version zu eigen machen. Männer sind dazu fähiger, diese Spaltung vorzunehmen: die treusorgende Familie auf der einen und die Geliebte auf der anderen Seite. Das geht – für Männer. Für Frauen mit der weiblichen Auffassung von Liebe läßt sich das nur ganz schwer vereinbaren. Denn nach wie vor wollen Frauen eigentlich alles mit *einem* Mann teilen.»[27]

Für viele Frauen, vielleicht sogar für die meisten, mag die Einschätzung von Sigrid Steinbrecher zutreffen. Trotzdem haben, wie erwähnt, mehr als die Hälfte aller Frauen in der Bundesrepublik einmal oder mehrmals während einer festen Partnerschaft Liebesaffären oder längere Nebenbeziehungen. Haben wir es hier mit Nymphomaninnen zu tun? Mit liebesunfähigen Frauen? Oder mit solchen, die wie Buridans Esel vor zwei Heuhaufen stehen und sich weder für den einen noch für den anderen entscheiden können? Oder gar mit verkappten Liebesdienerinnen im Patriarchat, die sich ein männlich-schizoides Verhalten zu eigen machen und sich dessen nicht einmal bewußt werden? Wenn wir den Aussagen der Frauen Glauben schenken und ihnen nicht von vornherein Neurosen und perfekte Verdrängungskunst unterstellen, dann entsteht ein differenzierteres Bild.

EINMAL IST KEINMAL – DER «SEITENSPRUNG»

Schon der Begriff «Seitensprung» beinhaltet eine deutliche moralische Wertung. Er weckt eher negative Assoziationen wie «sprunghaft», «aus der Reihe tanzen» oder «den geraden Weg verlassen». Das umgangssprachlich dazugehörende Verbum «fremdgehen» macht es fast noch deutlicher: Wer sich, und sei es auch nur ein einziges Mal, auf eine sexuelle Begegnung außerhalb der Paarbeziehung einläßt, kommt vom rechten Pfad ab und gerät (besonders wenn es sich dabei um eine Frau handelt) schon beinahe auf die schiefe Bahn. Die negative Bewertung, die in der Bezeichnung «Seitensprung» mitschwingt, richtet den Blick vor allem auf den Bruch einer Vereinbarung innerhalb der Paarbeziehung. Sie lenkt davon ab, daß es sich hier um eine sexuelle Erfahrung handelt, die für den einzelnen durchaus eine Bereicherung sein kann. Wenn wir stärker das Individuum als das Paar im Auge haben, dann wird deutlich, daß sich hinter dem abwertenden Begriff «Seitensprung» nichts weiter als eine erotische Episode verbirgt, die als negativ oder auch als sehr positiv erlebt werden kann. Zum Beispiel dann, wenn es um die Freude am Abenteuer geht, um den Reiz an der Begegnung mit einem Unbekannten und nicht zuletzt um den Ausflug aus einem als belastend erlebten Beziehungsalltag. Kurz: Das vorübergehende Ausscheren aus einer Paarbeziehung ist oft auch Ausdruck der eigenen Lebendigkeit und Lebenslust und muß die feste Partnerschaft nicht zwangsläufig in Frage stellen.

Erotische Erfahrungen außerhalb der Ehe und Zweierbeziehung werden sprachlich zwar allgemein abgewertet, bei Männern jedoch nachsichtiger als bei Frauen beurteilt. Nach wie vor mißt die Gesellschaft mit zweierlei Maß und stuft bei den einen als Kavaliersdelikt ein, was sie bei den anderen als Fehltritt kritisiert. Was Männern letztlich noch als «potent» gutgeschrieben wird, kann Frauen bis an den Rand sozialer Ächtung bringen. Trotzdem haben heute, wie die Statistik zeigt, fast annähernd so viele Frauen Liebesaffären wie Männer. Wenn sie vorübergehend aus dem Ehe- oder Beziehungsalltag ausbrechen, dann offensichtlich deshalb, weil dieser Schritt nicht zwangsläufig mit Leid und Schmerz, Enttäuschungen und neuen Verletzungen oder mit unüberwindlichen Schuldgefühlen verbunden ist. Daß es «Seitensprünge» gibt, die sich im nachhinein als schal, überflüssig oder gar als kränkend erweisen, ist eine Binsenweisheit. Daß sie aber ebenso als anregende, vergnügliche Episoden erlebt werden, zeigen die Äußerungen meiner Gesprächspartnerinnen, die von «amüsant», «prickelnd», «wohltuend» und «erfrischend» bis hin zu «rauschhaft» und «einzigartig» reichen. «Fremdgehen» und dabei *zu sich kommen*, das ist ganz offensichtlich möglich. Unabhängig davon, ob es sich dabei um den One-night-stand auf einer Geschäftsreise oder Fortbildung, um eine Ferienromanze oder um den berühmten «Kurschatten» handelt, den manche Ärzte und Psychologen mittlerweile sogar als Teil des Gesundungsprozesses ansehen. Unabhängig auch von den Motiven, seien es Neugierde oder die Faszination eines Fremden, oder die Sehnsucht nach romantischen Verliebtheitsgefühlen. Sei es der Versuch, sich in Krisensituationen zu entlasten oder gar das Bedürfnis, die in der Ehe erlittenen Demütigungen wieder auszugleichen.

Gerade Frauen fällt es immer noch schwer, auf Kränkungen und Verletzungen direkt und adäquat zu reagieren. Sie fühlen sich häufig außerstande, dem Lebenspartner die Stirn zu bieten und ihn in seine Schranken zu verweisen. Da sie es nicht gelernt haben, ihren Unmut deutlich und unmittelbar zu äußern und aggressives Verhalten außerdem nach wie vor als unweiblich gilt, schlucken sie ihren Ärger oft hinunter. So lange, bis sie irgendwann einmal – wenn überhaupt – die Gelegenheit ergreifen, ihr angeschlagenes Selbstwertgefühl wieder zu stabilisieren. Und manchmal geschieht das, indem sie sich, so wie Ursula, vorübergehend einem anderen Mann zuwenden.

Ursula ist im landläufigen Sinne eine aparte Frau: Sie ist mittelgroß und schlank, hat ein sehr gepflegtes Äußeres, regelmäßige Züge und ein dezent geschminktes Gesicht, in dem die lebhaften blauen Augen besonders auffallen. Ein einziges Mal ist die heute fünfzigjährige Hausfrau aus ihrer Ehe ausgebrochen, vor fast zwanzig Jahren und in der wohl «klassischen» Situation: der Kur. «Ich hab mir dort Leute gesucht, mit denen ich mich gut unterhalten und in der Freizeit etwas unternehmen konnte und bin ziemlich schnell auf zwei nette Herren aufmerksam geworden, die immer zusammen an einem Tisch saßen. Der eine von den beiden, ein Goldschmied aus München, wie sich später herausstellte, gefiel mir unwahrscheinlich gut, obwohl er bestimmt zwanzig Jahre älter war als ich. Hans war keine große Schönheit, aber es lag etwas in seinen Zügen, das mich von Anfang an für ihn einnahm: er hatte so schöne sanfte Augen, wirkte sehr ruhig und konnte gleichzeitig humorvoll und ausgelassen sein. Kurz, er verkörperte für mich all das, was mir damals in meinem Leben fehlte.»

Nach siebenjähriger Ehe und dem anstrengenden Alltagsleben mit zwei kleinen Kindern vermißte Ursula Zeit und Muße für sich selbst, Austausch und Gespräche mit ihrem Mann und vor allem das Gefühl, ihm eine ebenbürtige, gleichwertige Partnerin zu sein. «Mein Mann war damals sehr stark damit beschäftigt, seine Karriere aufzubauen. Eigentlich ist er ein sehr musischer Mensch, er wollte Musik studieren, aber für seine Eltern kam nur etwas Handfestes in Frage, Jura oder Betriebswirtschaftslehre. Er entschied sich dann für BWL und wurde später Kaufmann. Aber dieses rein wirtschaftliche Denken entspricht überhaupt nicht seinem

Wesen. Wahrscheinlich kostete ihn deshalb der Beruf soviel Kraft. Und als er schließlich von seiner Firma beauftragt wurde, in Hannover eine neue Filiale aufzubauen, da gab es so gut wie kein Privatleben mehr. Thomas stand morgens um vier Uhr auf, rauchte sechzig Zigaretten am Tag und kam spätabends, völlig erschöpft und erschlagen, wieder nach Hause. Ich machte mir damals unheimliche Sorgen um seine Gesundheit und bat ihn immer wieder, das Rauchen einzuschränken, nicht jeden Morgen so früh aufzustehen ... Aber all mein Bitten und Betteln nützte nichts. Im Gegenteil. Es nervte ihn fürchterlich, daß ich ihm ständig in den Ohren lag. Und da er von Haus aus schon ein sehr nervöser und jähzorniger Mensch ist, explodierte er eines Tages. Er wurde mit dieser ausweglosen Situation einfach nicht mehr fertig: auf der einen Seite der immense berufliche Druck und auf der anderen die ewig nörgelnde Ehefrau zu Hause. Und eines Morgens, als ich ihn mal wieder bat, sich doch noch ein wenig Schlaf zu gönnen, da rastete er dann völlig aus und schlug mir mit der Hand ins Gesicht, so daß ich unter dem Auge einen dicken, blauen Fleck bekam ...»

Was an Ursulas Schilderungen sofort auffällt, ist das unter Frauen immer noch weitverbreitete Verhalten, das Augenmerk zuerst auf das Wohlergehen des Mannes und dann, wenn überhaupt, auf das eigene zu lenken. Das schier grenzenlose und ebenfalls allzu «weibliche» Verständnis für die mannigfachen beruflichen Anforderungen, mit denen ihre (Ehe-)Männer zu kämpfen haben. Nicht nur, daß Ursula sich selbst abwertet, indem sie sich als «nörgelnde Ehefrau» bezeichnet, sie identifiziert sich auch im nachhinein noch stark mit den Interessen ihres Mannes. Sie beklagt, daß er seine musischen Begabungen nicht weiter entfalten und beruflich verwerten konnte. Und sie betont immer wieder den enormen Streß, unter dem ihr Mann seinerzeit stand. Wie sehr er bei alledem Karriere auf ihre Kosten machte, die alltäglichen Belastungen bei der Versorgung von zwei kleinen Kindern, die Eintönigkeit und Isolation der Hausfrauenarbeit, all das ist Ursula kaum der Rede wert. Statt dessen konzentriert sie sich – auch heute noch – ganz darauf, Verständnis und Entschuldigungen für sein Verhalten zu finden. Wie anstrengend ihr Leben damals wirklich war, drückte sich deutlich in ihrer schlechten gesundheitlichen Verfassung aus. Während sie sich allein um die Gesundheit ihres Mannes sorgte, wurde ihre eigene so stark angegriffen, daß schließlich sie es war, die ärztliche Hilfe in Anspruch nehmen und einen längeren Kuraufenthalt antreten mußte.

Die Diagnose der Ärzte lautete «vegetative Dystonie». Hinter diesem geheimnisvollen Begriff verbirgt sich nichts anderes als ein «gestörtes Allgemeinbefinden» oder ein «Erschöpfungszustand». Dabei scheint es sich um eine Volkskrankheit zu handeln, die vornehmlich Frauen befällt. Frauen, die jahrelang unterschiedliche Belastungssituationen ertragen, ohne mit der Wimper zu zucken – oder gar gegen Überforderungen aufzubegehren. Berufstätige Frauen, die unter der Doppel- und Dreifachbelastung leiden, weil sie immer noch weitgehend allein für die gesamte Haus- und Familienarbeit zuständig sind. Hausfrauen und Familienmütter, die ihre eigenen Bedürfnisse und Interessen jahrein, jahraus hintanstellen und vorrangig um das Wohl von Mann und Kindern besorgt sind. Oder Frauen wie Ursula, die dem Ehemann nicht rechtzeitig Grenzen zeigen und sich entschieden zur Wehr setzen. Und doch unterscheidet sich Ursula in einem zentralen Punkt von zahllosen anderen Frauen ihrer Generation. Ihr Stolz setzte ihrer Leidensbereitschaft schließlich doch eine Grenze. Nach der Ohrfeige ihres Mannes fühlte sie sich in ihrer «menschlichen Würde verletzt».

«Ich hab zwar verstanden, wie es dazu kam, aber ich konnte dieses Faktum einfach nicht akzeptieren. Auch wenn er sich nachher auf indirekte Weise entschuldigte, indem er mir Blumen und Geschenke mitbrachte. Es war etwas in mir in Gang gekommen. Ich hab mir gesagt, er hat mich zwar geheiratet, aber deshalb kann er nicht mit mir machen, was er will. Ich bin eine selbständige Persönlichkeit und gehöre ihm nicht. Ich bin seine Partnerin, aber nicht sein Besitz. Und obwohl die häusliche Routine so weiterlief, war von dem Tag der Ohrfeige an etwas in mir zerstört. Irgend etwas in mir war kaputtgeschlagen worden und verlangte nach Genugtuung.»

Die Gelegenheit dazu ergab sich einige Monate später, als Ursula während des Kuraufenthaltes Hans begegnete, dessen Wesen dem ihres Mannes diametral entgegengesetzt zu sein schien. Sie schätzte seine Ruhe und Ausgeglichenheit, die langen Gespräche auf den vielen gemeinsamen Spaziergängen, seinen Humor. «Wir hatten einen solchen Spaß, wenn wir zusammen loszogen und manchmal schon am Vormittag in einer Almhütte ein Viertel Roten tranken. Seine sensible Art ließ mich schnell Vertrauen fassen. Ich hatte gar nicht vor, mich sexuell mit ihm einzulassen, aber als er mich eines Tages in meinem Zimmer zu irgendeiner Anwendung abholte, ist es dann doch passiert. Die Sexualität mit ihm hab ich als etwas sehr Schönes erlebt, ja, ich schwebte damals wie auf Wolken. Nur beim erstenmal, da hatte ich doch ein schlechtes Gewissen. Plötzlich mit einem anderen Mann als Thomas so engen Körperkontakt zu haben. Da tauchte schlagartig das Gefühl auf, du tust etwas Unrechtes, etwas Verbotenes. Und als ich wieder nach Hause kam und mich nach der Zeit mit Hans so rundherum glücklich fühlte, fand ich es dann schade, dieses Glücksgefühl mit niemandem teilen zu können. Vor allem nicht mit dem Menschen, der mir am vertrautesten war, mit meinem Mann. Ich erinnere, daß ich das als eine ziemlich verrückte Situation empfand, mit dem einen verheiratet zu sein und mit einem anderen solche Glücksgefühle zu empfinden. Aber Schuldgefühle hatte ich nicht. Ganz im Gegenteil. Die Tatsache, daß ich mich überhaupt in einen anderen verlieben konnte, war ja durch Thomas verschuldet worden. Das werf ich mir nicht vor, denn es wäre ja nicht dazu gekommen, wenn er sich nicht so unmöglich benommen hätte. Als ich zurückkam, hatte ich zwar nicht direkt Triumphgefühle, aber ich genoß es doch, eine

Gelegenheit gehabt zu haben, mich für sein Verhalten zu rächen. Ich hatte einen Ausgleich geschaffen, der meinen Zorn besänftigte und es mir ermöglichte, meinem Mann zu verzeihen. Und als er mir einige Jahre später auch einmal untreu war, half mir die Erinnerung an Hans über den Schmerz hinweg. Ich hab mir gesagt, du weißt doch selbst, wie leicht man sich in einen anderen Menschen verlieben kann. Wenn man es selbst einmal erlebt hat, dann verliert man auch so ein Stück Hochmut. Man wird bescheidener, toleranter und verurteilt den anderen nicht mehr so leicht.»

Was Ursula nun als «Racheakt» gegen ihren Mann bezeichnet, war in erster Linie eine alle ihre Sinne (wieder-)belebende Erfahrung gewesen, die ihr genügend Kraft und Selbstachtung zurückgab, um auch die Demütigung ihres Mannes zu bewältigen, ihm schließlich zu verzeihen. Sie erlebte ihren «Seitensprung» als einen Ausflug in fremde Gefilde, der sich für alle Beteiligten lohnte. Ihre Erfahrung bestätigt damit die unter Paartherapeuten verbreitete Auffassung, wonach ein «Seitensprung» Ausdruck einer Beziehungsstörung sei. Er gilt als Symptom für einen Konflikt oder eine seelische Notlage, die einer der Beteiligten offenbar nicht anders als mit einer außerehelichen Liebesaffäre überwinden kann. Für den Paartherapeuten Hans Jellouschek ist «Untreue» ein Indiz dafür, daß «in einer Beziehung bestimmte Seiten nicht gelebt werden können, daß es einen Mangel, eine innere Not gibt, die durch die neue Beziehung plötzlich sichtbar wird»[1]. Nach den Beobachtungen des Paartherapeuten kann es unter anderem dann zum «Seitensprung» kommen, wenn das Zusammenspiel der beiden Partner von einem starken Machtgefälle geprägt ist.[2] In einer solchen Beziehungskonstellation hat die vorübergehende Hinwendung zu einem Dritten für denjenigen, der sich als ohnmächtig erlebt, die Funktion, sich aufzuwerten und damit das Machtgefälle in der Paarbeziehung auszugleichen.

Bei Ursula traf letzteres ganz offensichtlich zu. Ihr verletztes Selbstwertgefühl wurde durch die kurze Beziehung mit einem anderen Mann wiederhergestellt. «Daß ein anderer mich schätzte und begehrenswert fand, das war ungeheuer wichtig für mich. Dadurch wurde mir klar, daß ich eben keine langweilige Hausfrau war oder das Aschenputtel, dessen Aufgabe darin besteht, den Mann und die Kinder zu versorgen. Ich fühlte mich mit einemmal viel attraktiver und selbstbewußter Thomas gegenüber.» Aus diesem neugewonnenen Selbstbewußtsein zog sie die Kraft für künftige Auseinandersetzungen mit ihrem Mann. Sie setzte sich entschiedener als bislang zur Wehr, wenn er versuchte, den Ärger über den beruflichen Dauerstreß an ihr abzulassen. Zu Übergriffen von seiten ihres Mannes ist es nach Ursulas Schilderungen nie mehr gekommen. Er sei zwar nach wie vor ein Mensch, der schnell mal die Beherrschung verliere und zum Jähzorn neige, habe es aber nie mehr gewagt, handgreiflich gegen sie zu werden. Der Kontakt zu Hans bestand trotz der Entfernung zwischen München und Hannover noch ein gutes Jahr lang, bis die Verbindung dann im Laufe der Zeit einschlief. «Das war auch ganz gut so, denn ich wollte ja keine dauerhafte Nebenbeziehung mit einem anderen Mann. Aber die Zeit mit Hans, die wird mir immer in sehr schöner Erinnerung bleiben.»

Nach Ursulas Überzeugung erfüllte ihr «Seitensprung» genau die Funktion, die sie (unbewußt) wohl auch damit anstrebte: er verlieh ihr mehr Selbstbewußtsein und Durchsetzungsvermögen ihrem Mann gegenüber. Das wirft natürlich die Frage auf, was die erotische Episode mit einem Dritten tatsächlich leisten kann und was nicht. Ganz sicher verwandelt sie einen ängstlichen, zaghaften Menschen nicht über Nacht in eine selbstbewußte Persönlichkeit. Wenn Ursula sich nach ihrer Begegnung mit Hans ihrem Mann gegenüber besser abgrenzen und ihm mehr Widerpart bieten konnte, dann sicher deshalb, weil sie nur einen Impuls brauchte, um selbstbewußter auftreten zu können. Wenn sie nicht schon vorher über ein eigenes Selbstwertgefühl verfügt hätte, würde sie aus ihrer Affäre vielleicht lediglich die nötige Energie für neue Verdrängungsleistungen in ihrer Ehe gezogen haben. Natürlich bleibt ein «Seitensprung» zu flüchtig und episodenhaft, als daß er grundsätzliche Probleme eines einzelnen oder eines Paares lösen könnte. Wer ständig mit tiefen Lebensängsten, Minderwertigkeitsgefühlen oder gar mit Depressionen zu kämpfen hat, dem wird eine kurze Affäre allenfalls ein vorübergehendes Aufatmen, nicht aber die Klärung seiner Konflikte bringen. Andererseits bedeutet die Erfahrung, plötzlich wieder geschätzt und begehrt zu werden, «durchaus mehr als nur ein Trostpflaster»[3]: Michael Cöllen hat im Laufe seiner therapeutischen Arbeit beobachtet, daß auch durch eine flüchtige Außenbeziehung ein Teil der Selbstachtung und des Selbstbewußtseins wieder zurückkehren und der «Seitensprung» somit eine «Rettungsmaßnahme der eigenen Seele»[4] sein kann. Wie bei Ursula. Ihre kurze Beziehung mit Hans war Ausdruck einer gesunden Eigenliebe, die die Treue zu sich selbst höher bewertet als den Zwang zur Treue gegenüber dem Lebenspartner.

Viele Frauen, die irgendwann im Laufe ihrer Ehe einen Seitensprung wagen, sehnen sich danach, von einem anderen Mann geschätzt zu werden. Weil der eigene positive Gefühle gegenüber der Lebenspartnerin nicht ausdrücken kann. Vielleicht aber auch, weil er sie gar nicht empfindet. In dem Report «Frauen und Liebe»[5] geben 4500 Frauen Auskunft darüber, was, genauer gesagt wie wenig sich emotional in ihren Ehen und Partnerschaften abspielt und warum ein Großteil von ihnen Liebesaffären mit anderen Männern hatte. 60 Prozent erklären, sie wollten damit ihr Selbstbewußtsein stärken oder einfach, wenn auch nur kurzfristig, jemanden haben, der sie so sieht, wie es ein anderer *nicht* tut. Die meisten der befragten Frauen fühlen sich in einer außerehelichen Beziehung emotional stärker angesprochen und genießen das Gefühl, als eigenständige Person wahrgenommen zu werden. Diese Erfahrung verleiht ihnen Schwung und Vitalität und gibt Kraft – entweder den unbefriedigenden Ehetrott wieder eine Weile zu ertragen oder aber, wie im

Fall von Ursula, sich dem Lebenspartner gegenüber besser zu behaupten.

Frauen, die sich vorübergehend einem anderen zuwenden, weil ihnen vom Lebensgefährten Unrecht zugefügt wurde, können noch am ehesten mit dem Verständnis der Gesellschaft rechnen. Sie haben sich eine Nebenbeziehung «verdient» – selbst in den Augen der Menschen, für die die eheliche Treue zu den höchsten moralischen Geboten zählt. Schließlich hat in diesen Fällen der (Ehe-)Mann zuerst «Schuld» auf sich geladen, und die Frauen antworten nur auf das Fehlverhalten eines anderen. Aber sie bleiben doch, selbst wenn sie sich vorübergehend auf verbotenem Terrain bewegen, traditionell weiblichen Verhaltensmustern treu: sie handeln nicht aus eigenem Antrieb, sondern reagieren auf den Mann. Nicht selten beziehen auch die Frauen selbst aus einem solchen Selbstverständnis erst den Mut zu ihrer Affäre. (Wie sagte doch Ursula: «Schuldgefühle hatte ich nicht... daß ich mich überhaupt in einen anderen verlieben konnte, war ja durch Thomas verschuldet worden...»)

Weitaus kritischer bewertet die öffentliche Meinung Frauen, die sich einen «Seitensprung» losgelöst von einer erkennbaren Vorgeschichte in ihrer Paarbeziehung erlauben. Wenn es nach den Aussagen der Frauen in ihrer Partnerschaft keine Verletzungen und Demütigungen, keine Rachegelüste und nicht einmal Langeweile oder Routine gibt. Wenn Nähe und Distanz, Freiheit und Bindung in einem angemessenen und als befriedigend erlebten Verhältnis zueinander stehen. Wenn also in den Augen der Gesellschaft keine «mildernden Umstände» vorliegen, die die erotische Episode einer Frau mit einem Fremden rechtfertigen könnten.

Birgit ist eine temperamentvolle, quirlige Person. Keine Aussage, die nicht von lebhafter Gestik und Mimik begleitet wird. Die fünfunddreißigjährige Fotografin kommt beruflich viel herum und ist «in vielen europäischen Städten fast wie zu Hause». Richtig zu Hause ist sie in München, in ihrer geräumigen Altbauwohnung, die sie seit vier Jahren mit ihrem Lebensgefährten, einem Sozialwissenschaftler, teilt. Birgit und Rolf kennen sich seit sieben Jahren und haben viele Krisen miteinander bewältigt. «Im wesentlichen ging es darum, unsere unterschiedlichen Temperamente irgendwie unter einen Hut zu bringen. Rolf ist der ruhigere von uns beiden. Bis auf seine Kollegen und ein paar gute Freunde hat er kaum Kontakte und genießt es am meisten, wenn er mit mir alleine sein kann. Ich hingegen bin ein sehr geselliger Mensch und blühe in meinem großen Freundeskreis erst so richtig auf. Ich liebe Feste und Feiern und freue mich jedesmal, wenn das Haus voll ist und sich alle bei uns wohl fühlen. Trotzdem haben wir im Laufe der Jahre einen modus vivendi gefunden, der keinen von uns übervorteilt.» Die Beziehung von Birgit und Rolf scheint eine stabile Basis zu haben: Sie haben es gelernt, wechselseitig ihre Stärken und Schwächen zu akzeptieren. Und sie lassen einander genügend Raum für ihre Freundschaften, in denen sie diejenigen Facetten ihrer Persönlichkeit ausleben können, die zu Hause zu kurz kommen. Ihre Sexualität mit Rolf beschreibt Birgit als «meistens gut, manchmal phantastisch, aber nie langweilig». «Wir haben zwar keinen Ehevertrag unterzeichnet und kein Treuegelübde abgelegt, trotzdem war sexuelle Treue für uns von Anfang an eine unausgesprochene Selbstverständlichkeit. Und ich hatte auch nie den Wunsch oder das Bedürfnis, mit einem anderen Mann ins Bett zu gehen.» Bis vor zwei Jahren. Damals zog es Birgit beruflich für eine Woche nach Frankreich. Nach tagelangen, anstrengenden Außenaufnahmen beschloß sie kurzerhand, das Wochenende in Paris zu verbringen, zwei Tage durch die Stadt zu bummeln und sich einen Abend in ihrem Lieblingsjazzkeller in Saint-Germain-des-Prés zu gönnen.

«Als ich reinkam, saß Maurice am Piano. Zuerst sah ich nur seine dunklen Locken, aber als er den Kopf hob und mich ansah, bekam ich auf der Stelle weiche Knie. Er warf mir (so kitschig das jetzt klingen mag) einen endlos langen Blick aus seinen schwarzen Samtaugen zu. Darin lag eine derart geballte Sinnlichkeit, daß es mich völlig aus der Fassung brachte. Ich steuerte verwirrt auf einen freien Tisch in seiner Nähe zu, bestellte mir etwas zu trinken und verbrachte den Rest des Abends damit, diesen fremden Mann anzusehen, mich in seine Musik fallenzulassen und immer wieder seine Hände zu betrachten. Ich malte mir aus, wie diese Hände mich berührten, ließ sie über meinen Körper gleiten wie über die Tasten des Pianos. Jedesmal wenn er zu mir herübersah, fühlte ich mich bei meinen Phantasien ertappt, und die Röte schoß mir ins Gesicht. Ich hielt mich unsicher an meinem Drink und an der Zigarette fest und versuchte vergeblich, seinen Blicken standzuhalten. Ein paarmal wollte ich aufstehen und gehen, aber ich konnte mich vom Anblick dieses Mannes einfach nicht losreißen. So etwas habe ich in meinem ganzen Leben noch nicht erlebt, trotz meiner vielen Reisen und all der fremden Menschen, mit denen ich immer wieder beruflich zu tun habe. Zum allerersten und bislang einzigen Mal wollte ich einen Mann *haben*, ohne daß ich die leiseste Ahnung hatte, wer er war. Weder sein Leben noch meines spielten an diesem Abend irgendeine Rolle. Es war mir völlig egal, woher er kam und was er dachte. Alles, was mich sonst bei einem Menschen interessiert, schien hier bedeutungslos. Ich spürte nur, daß ich mit diesem Mann schlafen wollte. Aber ich wußte nicht im geringsten, wie ich es anstellen sollte, weil mir die Rolle der Verführerin überhaupt nicht liegt. Und so blieb mir nichts anderes übrig, als wie gelähmt an meinem Tisch sitzen zu bleiben und darauf zu hoffen, daß er einen ersten Schritt machen würde. Es war schon nach Mitternacht, als er endlich lächelnd zu mir rüberkam und fragte, ob er mich auf einen Drink einladen dürfe...»

Birgit beschreibt ein unerwartet starkes Verlangen nach einem Mann, der ihr fremd und niemals zuvor begegnet ist. Ein Gefühl, das ihr nach den herrschenden Moralvorstellungen aus zwei Gründen nicht zusteht. Zum einen lebt sie in einer festen und befriedigenden Partnerschaft. Zum anderen richtet sich ihr Begehren auf einen Mann, den sie nicht kennt, in den sie nicht verliebt ist und mit dem sie keine Beziehung eingehen möchte. Was in Birgits Worten unverblümt zum Ausdruck kommt, ist die Trennung von Liebe und Lust, die sie sich ein einziges Mal in ihrem Leben erlaubte. Damit verstieß sie gegen das – für Frauen gültige – Gebot der ganzheitlichen Liebe, wonach Sexualität ausschließlich innerhalb der festen Liebesbeziehung stattzufinden hat. Daß fremde Menschen eine sehr starke erotische Faszination auf uns ausüben können, wird weder von der christlichen Morallehre noch von der Psychologie geleugnet. Und doch, während die einen vor der Versuchung des Fleisches warnen, raten auch manche Psychologen und Soziologen davon ab, verbotenen Gelüsten nachzugeben. Zum Beispiel das Autorenpaar Ruth Westheimer und Louis Liebermann. In ihrem Buch «Sex und Moral» vertreten sie die Auffassung, daß auch die tiefgreifenden sozioökonomischen Veränderungen der letzten Jahrzehnte die eheliche «Untreue» keineswegs legitimieren. Als vorbildlich werten sie die Haltung des ehemaligen US-Präsidenten Jimmy Carter, der in einem «Playboy»-Interview im November 1976 kundtat, manchmal Lustgefühle zu verspüren, die nichts mit seiner Frau zu tun hätten, denen er aber nie nachgegeben habe. Ein Bekenntnis, das Ruth Westheimer und Louis Liebermann sich damit erklären, «daß sexuelles Begehren durch ein Ehegelübde nicht abgestellt wird; andernfalls würden auch die sexuellen Gefühle für den Ehepartner verschwinden. Auch ist es ja nicht so, daß durch diesen Schwur Hormone und Nervensystem so beeinflußt werden, daß man sich nur noch von seinem Ehepartner angezogen fühlt.» Wohl wahr. Aber, so die Autoren: «Erotische Vorstellungen von einem anderen Menschen sollten uns nicht beunruhigen oder gar fürchten lassen, nun auch entsprechend handeln zu müssen. Die meisten von uns können sich beherrschen und leben solche Gedanken und Gefühle nicht aus. Dennoch gibt es immer wieder Menschen, die ihre sexuellen Gefühle anderen gegenüber nicht beherrschen wollen oder können und dementsprechend handeln.»[6] Die darin enthaltene Warnung, nicht aus spontanen, emotionellen Impulsen heraus zu handeln, ist unüberhörbar. Sexuelle Entscheidungen, so raten die beiden Autoren, sollten immer auch auf moralischen Überlegungen beruhen. Das ist ohne Zweifel richtig. Aber die Frage drängt sich auf, ob eine Frau wie Birgit *unmoralisch* handelt, wenn sie trotz einer langjährigen intakten Liebesbeziehung mit einem anderen Mann einen (dazu noch einmaligen) Ausflug ins Reich der Sinne wagt. Ob sie ihrer Partnerschaft – oder gar sich selbst – einen Schaden zufügt, wenn sie mit einem Fremden einen Augenblick der Lust lebt, weil sie ein starkes Verlangen nach ihm spürt. «Nie ist der Seitensprung unproblematisch, nie bringt er bei allen Ekstasen die fraglose Erfüllung», meint die Psychologin Elisabeth Müller-Luckmann.[7] Sie warnt vor der Abhängigkeit von einer hinzugewonnenen sexuellen Erfahrung und kommt zu dem Schluß, daß man im Seitensprung «alles in allem ein nur flüchtiges, begrenztes ‹Glück› findet»[8]. Auch das mag zutreffend sein. Fraglich ist nur, ob Frauen in einer flüchtigen erotischen Begegnung überhaupt die «fraglose Erfüllung» und das «vollkommene Glück» suchen. Verbirgt sich hinter dieser Auffassung nicht einmal mehr die jahrhundertealte Vorstellung, wonach Frauen Liebe und Lust gar nicht trennen können? Wonach das erotische Abenteuer typisches «Männerverhalten» sei, das Frauen im allgemeinen eher schlecht bekomme?

Es geht nicht darum, Frauen zu ermuntern, (manche) Männer nachzuahmen und endlich hemmungslos und unverbindlich Sex zu leben. Trotzdem stellt sich hier die Frage, wer eigentlich von einem Liebesideal profitiert, das von Frauen Zurückhaltung erwartet und ihnen von vornherein Interesse und Genuß (!) am rein erotischen oder sexuellen Erleben abspricht. Bleibt denn noch im ausgehenden zwanzigsten Jahrhundert für Frauen nur der «Mutter*trieb*»? Daß es sich hier um ein Relikt der altbekannten Doppelmoral handelt, die stets nur den Männern außereheliche Liebesverhältnisse gestattete, ist naheliegend. Sicher gibt es Frauen –

warum sollte es ihnen da besser gehen als Männern? –, die ihren «Seitensprung» als trivial oder trostlos erleben und am nächsten Morgen eine Erfahrung bereuen, die sie sich besser erspart hätten. Weil die Nacht nicht das hielt, was der Abend versprach. Oder weil sich der Fremde gar als jemand entpuppte, der ein schlechterer Liebhaber war als der Lebensgefährte. Wir wissen nicht, wie viele der Frauen (und Männer), die im Laufe ihrer Ehe «fremdgehen», die sexuelle Begegnung mit einem anderen als befriedigend oder gar als bereichernd erleben. Aber wir dürfen wohl mit Sicherheit annehmen, daß Frauen wie Birgit, die dabei großes sinnliches Vergnügen empfinden, keine unbedeutende Minderheit sind!

«Die Nacht mit Maurice hatte etwas ganz und gar Rauschhaftes. Am meisten faszinierte es mich, daß wir kaum miteinander sprachen. Und das passierte tatsächlich mir, der Reden doch sonst so wichtig ist. Aber mein Französisch reicht eben nur für das allernötigste, und so war es gezwungenermaßen eine Begegnung, die weitgehend nur aus Blicken und Berührungen bestand. Dieses fast wortlose Kommunizieren mit einem fremden Körper, das war wie ein Traum, wie etwas, das sich nicht im Hier und Jetzt, sondern irgendwo auf einem anderen Planeten abspielte. Maurice war wunderbar zärtlich, einfühlsam mit ruhigen, langsamen Bewegungen. Dazu ab und zu der Klang dieser melodischen Sprache, die ich zwar kaum verstehe, die sich aber so sinnlich anhört und wie geschaffen für so eine Nacht... Am nächsten Morgen holte Maurice Croissants und kochte diesen abscheulichen französischen Kaffee, der mir zum ersten- und einzigenmal genießbar erschien. Gegen Mittag fuhr er mich in mein Hotel, steckte mir seine Visitenkarte in die Jackentasche und bat mich, ihn anzurufen, wenn ich wieder nach Paris käme.»

Zweimal war Birgit seitdem wieder dort, ohne sich bei Maurice zu melden. «Weil sich so eine Nacht einfach nicht wiederholen läßt. Zum einen wäre es bestimmt nur ein Abklatsch vom erstenmal, zum anderen *brauche* ich es jetzt nicht.

Ich bin froh, daß ich mir damals die Begegnung mit ihm gegönnt habe, aber heute wäre es für mich nicht mehr stimmig.» Birgit hat bei ihrem One-night-stand in Paris erlebt, was man «Genuß ohne Reue» nennt. Sie findet ihr Verhalten weder unmoralisch noch verwerflich und schon gar nicht unsolidarisch gegenüber ihrem Lebensgefährten. «Ich habe nicht *gegen* Rolf gehandelt, sondern *für mich* und *aus meiner Lust heraus.* Aber ich bin mir auch sicher, daß in der Begegnung mit Maurice etwas Einmaliges lag. Eine so starke Faszination, das ist einzigartig, so etwas erlebt man nicht alle Tage.»

Frauen wie Birgit, die eigenständig und souverän mit ihrer Sexualität umgehen und sich – und sei es nur für die Dauer einer Nacht – Lust ohne («ganzheitliche») Liebe erlauben, setzen sich über Spielregeln hinweg, die in der patriarchalen Gesellschaft noch immer gelten. Mit einem Fremden, zu dem sie sich, aus welchen Gründen auch immer, hingezogen fühlt, darf eine Frau, die in einer festen Partnerschaft lebt, lediglich flirten und ihm signalisieren, du bist jemand, der mir gefallen *könnte*, wenn ich frei *wäre*... Ein eindrucksvolles Beispiel für diese Verzichthaltung schildert die Psychologin Elisabeth Müller-Luckmann in ihrem Buch «Die große Kränkung». Darin erzählt eine Frau: «Ich war allein auf einem Kongreß in Paris, fuhr in der Metro. Ein lesender Mann ließ seine Zeitung sinken und sah mich an, durchdringend, ernst, dann sehr weich und zärtlich. Er nahm dann wieder die Zeitung zur Hand, legte sie aber nach kurzer Zeit wieder auf seine Knie. Er sah mich an, ich blickte aus dem Fenster. Ein paarmal schien es mir, als würde er anfangen zu sprechen, aber er schwieg dann doch, ohne Lächeln, ganz ernst. Wir erhoben uns gleichzeitig und gingen ein paar Schritte nebeneinander. Doch dann trennten sich unsere Wege. Wir zögerten. Aber dann standen wir da, durch die Gleise getrennt und sahen uns an. Sein Zug kam als erster. Er stieg ein, trat ans Fenster, hob grüßend die Hand und machte eine bedauernde Geste...»[9] Hier schwingt leise Melancholie mit, weil etwas, das hätte sein können, nicht sein durfte. Was zurückbleibt ist der Eindruck, daß hier eine Frau und ein Mann eine vernünftige und verantwortungsvolle Entscheidung getroffen und sich nicht auf ein verbotenes und riskantes Unterfangen eingelassen haben. So als ob in jeder kurzfristigen erotischen Begegnung von zwei Menschen zwangsläufig tausend Gefahren lauerten, die Ehen zerrütten und ganze Familien über Nacht ins tiefste Unglück stürzen könnten.

Für die meisten Frauen, die in diesem Buch zu Wort kommen, bestand nie ein Zweifel daran, mit welchem Mann sie ihr Leben teilen wollten. Sie hatten weder die Absicht, ihre eigene Beziehung noch die ihres Geliebten zu gefährden oder gar zu zerstören. Aber sie setzten sich – teils bewußt, teils unbewußt – über moralische und psychologische Vorbehalte hinweg, die suggerieren, daß gerade der bewußte Verzicht auf Trieb und Begierde die «reife Persönlichkeit» kennzeichnet. Sie überschritten, aus unterschiedlichen Gründen, die Grenze, die den harmlosen Flirt von der handfesten «Untreue» trennt. Eine Grenze, die Elisabeth Müller-Luckmann so beschreibt: «... Man macht einfach dem anderen das Kompliment: Du bist jemand, mit dem ich auch verbindlicher kommunizieren würde, wenn nicht dieser Platz, wo ich Verbindlichkeiten eingehe, bereits besetzt wäre. Aber wir sind beide reif genug, nicht zu weit zu gehen und uns nicht auf ein gefährliches Spiel mit dem Feuer einzulassen.» [10] Der Verzicht wird hier eindeutig positiv, der potentielle «Seitensprung» hingegen negativ bewertet. Er erscheint nicht nur als riskantes, sondern darüber hinaus sogar als «unreifes»(!) Verhalten. ‹Wer sich in Gefahr begibt, kommt darin um› (und ‹Messer, Gabel, Schere, Licht sind für kleine Kinder nicht›) – es wird Zeit, solche Metaphern einmal zu überdenken, jedenfalls wenn es sich um erwachsene Frauen (und Männer!?) handelt, die «Risiken» und «Gefahren» ihrer Entscheidungen schließlich selber einschätzen können! Ebenso fraglich ist, ob Frauen, die nicht grundsätzlich auf ein erotisches Abenteuer verzichten, zwangsläufig Gefahr laufen, sich selber psychisch zu verformen, wenn sie – etwa nach männlichem Vorbild – Sexualität auch außerhalb der Liebesbeziehung leben und die Lust von der Liebe abspalten. Im Einzelfall mag das zutreffend sein. Keine meiner Interviewpartnerinnen konnte sich allerdings vorstellen, sexuelle Dienstleistungen von einem anonymen Mann zu kaufen. Auch wenn ihre Liebesaffären kurz und unverbindlich blieben, so waren es in jedem Fall Begegnungen, die auf beidseitigen Wunsch und starkes wechselseitiges Verlangen hin zustande kamen. Darüber hinaus ist der Geliebte in längeren Außenbeziehungen selten «nur» Sexualpartner. Er ist häufig ein guter Freund, manchmal sogar ein enger Vertrauter, der ihnen nähersteht als der (Ehe-)Mann. Trotzdem sind viele Frauen nicht bereit, den einen für den anderen aufzugeben. Wahrscheinlich liegt gerade darin das «Unerhörte», das gesellschaftliche Kritik und Ablehnung hervorruft.

DER EINE FÜRS LEBEN, DER ANDERE FÜR AB UND ZU

Wenn Affären und gute Beziehungen sich nicht ausschließen

Als ich mit den Recherchen für dieses Buch begann, war ich davon überzeugt, daß Frauen aus anderen Gründen «untreu» werden als Männer und längst nicht mit der gleichen Selbstverständlichkeit wie letztere außereheliche Liebesverhältnisse eingehen. Jedenfalls nicht, solange sie ihre Partnerschaft als zufriedenstellend oder gar als glücklich erleben. Ich ging davon aus, daß Frauen, die sich in ihrer Zweierbeziehung wohl fühlen, nur ein geringes Interesse an Liebesaffären mit (einem) Dritten haben. Daß sie sich allenfalls, so wie Birgit, in einer außergewöhnlichen Situation auf eine kurze Affäre mit einem anderen Mann einlassen. Auf Begegnungen, die außerhalb des alltäglichen Lebens stattfinden und sich nur selten oder gar nicht wiederholen. Längere Außenbeziehungen hielt ich dagegen für ein Symptom von Beziehungsdefiziten in der festen Partnerschaft. Was Frauen in fremde Arme treibt, war nach meiner Einschätzung die Suche nach etwas, was sie zu Hause vermissen. Auf die große Mehrheit meiner Gesprächspartnerinnen traf diese Vermutung auch zu. Von ihnen wird im nächsten Kapitel die Rede sein.

Ich stieß aber auch auf Frauen, die ihre Liebesbeziehung als harmonisch beschreiben und trotzdem des öfteren aus ihr ausscheren. Manchmal mit einer Zufallsbekanntschaft, häufiger jedoch mit Liebhabern, mit denen sie sich mehrmals im Jahr auf (Geschäfts-)Reisen, Tagungen, Fortbildungsveranstaltungen oder für ein Wochenende treffen. In der Regel handelt es sich dabei um Männer, die sie in beruflichen Zusammenhängen kennengelernt haben und mit denen sie, zum Teil mehrere Jahre lang, eine lockere, erotische Freundschaft pflegen. Eine Beziehung, an die die Frauen oft keine hohen emotionalen Erwartungen stellen und aus der sie sowohl ihre eigenen als auch die Alltagsprobleme ihrer Freunde ausklammern. Die Begegnungen werden nur selten langfristig geplant, vielmehr vor einer Geschäftsreise oder einer bevorstehenden Tagung spontan arrangiert. Sie leben von der Gunst des Augenblicks, dem Reiz des Außergewöhnlichen (manchmal auch der Geheimhaltung und des Verbotenen), einer im Laufe der Zeit entstandenen Vertrautheit und nicht zuletzt von der Tatsache, daß aus den gelegentlichen Treffen keine weitergehenden Ansprüche oder Verpflichtungen entstehen. Man weiß, woran man ist.

Ein Arrangement für Frauen, die die Probleme in ihren Ehen und Partnerschaften verdrängen und sich auf diese Weise Entlastung verschaffen? Vielleicht, aber nicht unbedingt. Was mir in den Gesprächen mit diesen Frauen besonders auffiel war, daß ihnen ein eigenständiges Leben neben der festen Zweierbeziehung sehr wichtig ist. Sie begreifen sich nicht vorrangig als Teil eines Paargebildes, sondern stärker als Individuen, die auch außerhalb der Partnerschaft ihren eigenen Interessen nachgehen. Dazu gehören neben dem Beruf Reisen, die sie allein unternehmen, und ein vom (Ehe-) Partner unabhängiger Freundeskreis. Aber nicht nur das. Sie beanspruchen für sich auch das Recht, ihre Lust *eigenständig* zu leben und zwar nicht nur innerhalb, sondern auch außerhalb ihrer Zweierbeziehung. Sie stellen das Rollenklischee in Frage, wonach Frauen immer nur *das eine* (nämlich allumfassende Liebe) und Männer immer nur *das andere* (von der Liebe losgelösten Sex) suchen. Die Frauen, die in diesem Kapitel zu Wort kommen, geben offen zu, daß sie die Lust gelegentlich von der Liebe trennen und Sexualität einzig und allein des sinnlichen Vergnügens wegen genießen. Aber auch daß sie die Liebesaffären vor ihrem Mann geheimhalten. Den Ambivalenzkonflikt, den das Leben mit dem festen Partner auf der einen und dem Gelegenheitslover auf der anderen Seite mit sich bringt, scheinen sie ohne größere psychische Belastungen zu bewältigen.

Manchmal, da packt es mich eben...

«Aber wenn ich Ihnen doch sage, daß ich meinen Mann wirklich liebe», seufzt Beate und macht eine hilflose Handbewegung, weil ich sie immer noch ungläubig ansehe. Wir sitzen schon seit gut einer Stunde in einem Lokal in der Kölner Innenstadt, und mir will immer noch nicht in den Kopf, warum sie trotz ihrer «guten Ehe» häufig Liebesaffären mit anderen Männern hat. Beate ist eine meiner ersten Interviewpartnerinnen und stellt bereits meine Vorstellungen über Frauen, die «fremdgehen», in Frage. Sie ist 43, Sozialpädagogin, seit siebzehn Jahren mit einem Journalisten verheiratet und hat drei Töchter im Alter von fünfzehn, dreizehn und neun Jahren. «Als ich Michael damals kennenlernte, waren wir unheimlich verliebt. Trotzdem war uns von Anfang an klar, daß man sich in erotischer Hinsicht nicht vierzig Jahre lang ausschließlich auf einen einzigen Menschen beziehen kann. Daß die Welt voll ist mit spannenden Leuten und man sich ab und zu mal in einen anderen vergucken kann.»

Eine Einschätzung, die verblüffend wirkt, wenn sie gleich *zu Beginn* einer Liebesbeziehung von beiden Partnern so offen und nachdrücklich vertreten wird. Allerdings gehörten Beate und Michael seinerzeit politischen Kreisen an, in denen jeder «Besitzanspruch» gegenüber dem Liebespartner verpönt war und die «freie» als die einzig wahre Form der Liebe galt. Beate und ihr Mann versuchten einen Lebensstil zu finden, der ihnen trotz ihrer besonderen Bindung aneinander die größtmögliche Freiheit für sexuelle «Nebenbeziehungen» einräumte. Wie viele andere Mittelschichtspaare der siebziger Jahre orientierten sie sich dabei am Modell der «offenen Ehe». Dieses von Nena und George O'Neill entwickelte Konzept basiert auf einem Vertrag, der beiden Partnern eine flexible Rollenverteilung, persönliche Entwicklung, individuelle Freiheit und nicht zuletzt eine Öffnung der Beziehung nach außen zugesteht.[1] Die «offene Ehe» beinhaltet zwar nicht zwangsläufig außereheliche Sexualität, behält sie sich als Möglichkeit aber durchaus vor. Die Entscheidung darüber liegt einzig und allein bei jedem einzelnen. «Wenn Partner, die in einer offenen Gemeinschaft leben, auch außerhalb ihrer Ehe sexuellen Kontakt haben, dann geschieht das auf der Basis ihrer eigenen Beziehung zueinander. Da sie die reife Liebe kennen, einander wirklich vertrauen und fähig sind, aus sich herauszugehen und auch andere Menschen zu lieben, können sie diese Liebe und dieses Vergnügen zurück in die eigene Ehe bringen, ohne Eifersucht zu erregen.»[2] Eine Idealvorstellung, deren praktische Umsetzung im Alltag die meisten Paare überforderte. So wie Beate und Michael, die sich fast zwei Jahre lang eine Toleranz verordneten, die sie psychisch gar nicht durchhielten.

«In der Theorie war das eine prima Sache, aber in der Praxis klappte es überhaupt nicht. Hauptsächlich deshalb, weil wir natürlich nie zur gleichen Zeit spontane Begegnungen mit anderen hatten. Einer fühlte sich immer ausgeschlossen und durch das Weggehen des anderen bedroht oder im Stich gelassen. Kurz, wir merkten, so geht es nicht. Es tat einfach zu weh mitzubekommen, wie der Mensch, den man ja liebte, sich – und sei es auch nur kurzfristig – einem anderen zuwandte.»

Nach dem Scheitern ihrer «offenen Ehe» einigten sich Beate und Michael auf das, was sie den «bürgerlichen Modus» nennen: Was ich nicht weiß, macht mich nicht heiß. «Wir haben uns gesagt, es ist nicht auszuschließen, daß wir uns weiterhin auch von anderen Personen erotisch angezogen fühlen. Alles andere wäre Lüge und Selbstbetrug. Aber wenn es passiert, dann machen wir es so diskret wie nur irgend möglich, damit keiner von uns leiden muß. Sollte der andere trotzdem etwas merken und nachfragen, dann bekommt er auf jeden Fall eine ehrliche Antwort. Damit liegt die Verantwortung bei dem Fragenden und nicht bei dem, der sich gerade eine eher unbedeutende, kleine Affäre erlaubt hat.»

Sowohl der Versuch, eine «offene Zweierbeziehung» zu leben als auch ihre Absprache, Liebesaffären mit anderen diskret und unauffällig zu «handhaben», verweisen darauf, daß Beate und Michael sexuelle Treue von Anfang an nicht als das ausschlaggebende Kriterium für ihre Liebe betrachteten. Beide gingen davon aus, «Untreue» sei für den «Betrogenen» zwar unangenehm, aber trotzdem ein unvermeidliches Phänomen in jeder längeren Zweierbeziehung. Um die kränkenden Aspekte auszuklammern und nicht spürbar werden zu lassen, beschlossen beide, sie einfach zu verschweigen. Ein Arrangement, das offenbar bis zum heutigen Tag funktioniert. Die Frage ist, um welchen Preis – und welchen Preis es wert wäre. Immerhin hatte Beate Michael «mehrmals konkret im Verdacht, eine andere Beziehung zu haben». Aber sie schreckte davor zurück nachzufragen, «weil die Wahrheit ein Schock gewesen wäre, den ich mir lieber ersparen wollte». Hier drückt sich ihre *Angst* vor einer Affäre ihres Mannes aus und zeigt, wie sehr sie sich vor etwaigen Bedrohungen und Verletzungen doch schützen muß. Daß die Verdrängung solcher Ängste nicht ohne Folgen bleiben und möglicherweise zu unterschwelligen Aggressionen gegenüber ihrem Mann und zur Entfremdung innerhalb der Beziehung führen könnte, hält Beate für unwahrscheinlich. Sie schätzt sowohl die Affären ihres Mannes als auch ihre eigenen als viel zu unbedeutend ein, um sie zu problematisieren und dem anderen damit eine «unnötige Kränkung» zuzufügen.

«Ich hatte im Laufe unserer Ehe einige schöne, kurze Begegnungen mit Männern, auf Festen oder Fortbildungen, manchmal auch beim Karneval. Meistens waren es erfrischende One-night-stands, weil ich die Männer witzig und erotisch fand und der Sex mit ihnen einfach viel Spaß machte. Ich denke zum Beispiel an einen Mann, den ich vor ein paar Jahren auf dem Geburtstag einer Freundin in Frankfurt kennenlernte. Wirklich ein toller Mann: groß, dunkelhaarig mit tiefblauen Augen. Er war Arzt, sehr musikalisch und spielte mir im Morgengrauen einen phantastischen Blues auf der Gitarre vor. Sozusagen als Vorspiel... Ich war ohne Michael auf der Feier und hab die Nacht und den darauffolgenden Tag mit ihm unwahrscheinlich genossen. Als ich am nächsten Abend auf der Autobahn nach Köln zurückfuhr, hätte ich abheben können, weil das Erlebnis so super war. Seitdem haben wir uns dreimal wiedergesehen. Jedesmal wenn ich zu meiner Freundin nach Frankfurt fuhr, rief ich ihn vorher in der Klinik an, verabredete mich mit ihm in einem kleinen Hotel, und wir hatten genausoviel Spaß wie beim erstenmal.»

Daß Beate in ihren Liebesromanzen und One-night-stands fast ausnahmslos angenehme Erfahrungen macht, führt sie auf ihre gute Menschenkenntnis zurück, die sie «zielsicher zu den Richtigen» führe und sie vor «den Falschen» bewahre. Zu letzteren zähle sie diejenigen, die nur auf eine «schnelle Nummer» aus und deshalb «phantasielos» und «hektisch» seien. Die «Richtigen» hingegen seien sinnlich begabte Männer, die sich Zeit lassen und das sexuelle Abenteuer genauso genießen könnten wie Beate. Einen von diesen traf sie im vergangenen Herbst, als sie zehn Tage allein auf einer griechischen Insel Urlaub machte. Einen einheimischen Maler, mit dem sie am zweiten Abend in einer Taverne ins Gespräch kam. «Mit Niko stimmte einfach alles – vom allerersten Blickkontakt über die ersten Worte und Berührungen bis hin zu den Nächten, die ich mit ihm verbrachte. Ich habe selten in einem Urlaub so wenig geschlafen und fühlte mich doch unheimlich erholt und energiegeladen, als ich wieder nach Hause kam.» Den Wechsel von ihrer Ferienromanze zu ihrem Mann, den Beate nach wie vor ihre «große Liebe» nennt, beschreibt sie als völlig unproblematisch. «Auf dem Rückflug konnte ich mich langsam von dem lösen, was ich mit Niko erlebt hatte, und als ich Michael dann am Flughafen stehen sah, freute ich mich riesig, ihn wiederzusehn. Es ist sehr gut möglich, daß er mir etwas ansah, aber da er nicht fragte, mußte ich zum Glück auch nicht antworten.»

Das klingt, als ob Beate haarfein das erotische Vergnügen mit einem anderen von den Gefühlen für ihren Mann trennen kann. Und man nimmt ihr das ab, wenn man weiß, daß Beate zufrieden mit sich und ihrer Beziehung in den Urlaub fuhr. Denn so paradox es scheinen mag, eine solche Trennung gelingt um so mehr, je weniger in der Nebenbeziehung die feste Partnerschaft kompensiert werden muß. Beate konnte sich *bereichert* um eine schöne Erfahrung von Niko lösen, weil sie ihn in keiner Hinsicht zum «Ersatzmann» und zur wirklichen Alternative von Michael gemacht hatte. Aber interessanterweise löst dieses Verhalten oft gerade bei Frauen Unverständnis und Unbehagen aus. Geht es doch dabei dem Anschein nach genau um jene Haltung, um die Frauen Männer zwar manchmal (heimlich) beneiden, häufiger jedoch (offen) verachten. Denn wer Lust auch mal von Liebe trennen kann, gerät leicht in den Verdacht, nicht zu dem fähig zu sein, was als einzig legitime Form der (weiblichen) Liebe gilt: zur Ganzheitlichkeit.

Nur ein einziger ihrer außerehelichen Liebespartner brachte Beate bislang ihrem Mann gegenüber «gefühlsmäßig ins Schleudern». Ein Kollege, den sie vor vier Jahren auf einer Fortbildungsveranstaltung kennenlernte. «Mit Harald hatte ich eine sehr intensive Liebesgeschichte. Das war viel mehr als nur ein erotisches Abenteuer. Ich fühlte mich unwahrscheinlich stark zu ihm hingezogen, konnte mich stundenlang mit ihm über alle möglichen Themen unterhalten und freute mich jedesmal auf unsere Treffen. Fast drei Jahre lang sahen wir uns, wann immer sich die Gelegenheit dazu ergab: auf Seminaren und Tagungen, wenn seine Frau oder mein Mann verreist waren und ich die Kinder bei der Oma in Bonn unterbringen konnte. Dann verbrachten wir manchmal ganze Tage im Bett, gingen wunderbar essen und sagten, wenn es zwischen der Pariserin und dem Fischer* ein ganzes Leben lang funkte, warum dann nicht auch zwischen uns? Aber im vergangenen Jahr gab es immer häufiger Konflikte. Harald hat selbst keine Kinder und konnte deshalb überhaupt nicht nachvollziehen, daß ich das eine oder andere Treffen wegen meiner Töchter absagen mußte. Er zeigte immer weniger Verständnis für meine Situation, reagierte zunehmend verärgert und zog sich immer häufiger beleidigt zurück. Als mir alles zu nervig und anstrengend wurde, gab ich die Verbindung auf. Ich bin zeitlich einfach eingeschränkt mit drei Kindern und kann nicht so frei disponieren wie er. Meine eigenen Bedürfnisse möchte ich zwar auch in Zukunft ernst nehmen, sie aber andererseits nicht so hochhalten, daß die Kinder oder Michael darunter leiden. Wenn die ganze Organisation zu schwierig wird und die Ausreden zu wackelig werden, dann laß ich es lieber. Soviel ist mir der Spaß auch wieder nicht wert, daß dadurch meine Familie ins Hintertreffen gerät.»

Trotz vieler «schöner, kleiner Affären», wie sie es nennt, hat Beate klare Prioritäten. Und die liegen eindeutig auf seiten ihrer Ehe und Familie. Obwohl sie nicht darauf verzichten möchte, mit dem einen oder anderen Mann, der in ihr «bestimmte Saiten zum Klingen bringt», zu schlafen, kommt eine Trennung von ihrem Lebensgefährten für sie (bisher jedenfalls) überhaupt nicht in Frage. Ihre Lebensweise steht und fällt nach ihrer Überzeugung mit der Fähigkeit zur Abgrenzung. Da sie genau weiß, wo ihr Platz ist, können offenbar «die anderen» auch «dem einen» nichts anhaben. Beate möchte mit keinem anderen als mit ihrem Mann zusammenleben. Sie genießt die emotionale Geborgenheit, die sie bei ihm findet, genauso wie die Übereinstimmung, die in wichtigen Fragen zwischen ihnen besteht. Das einzige, was

* Anspielung auf den Roman «Salz auf unserer Haut» von Benoîte Groult.

ihr in ihrer Ehe fehlt, ist die erotische Spannung, die in den letzten Jahren deutlich nachgelassen habe. «Natürlich kriege ich, wenn Michael abends nach Hause kommt, kein Herzklopfen mehr. Das passiert höchstens noch, wenn er oder ich von einer längeren Reise zurückkehren. Aber ich würde ihn doch nie und nimmer verlassen, bloß weil es bei uns im Bett ruhiger zugeht als in den ersten Jahren. Schließlich ist im Laufe unserer Ehe unheimlich viel zwischen uns gewachsen – an Gemeinsamkeiten, Vertrauen und an Solidarität. Und die Konflikte, die wir austragen, die hätte ich über kurz oder lang auch mit jedem anderen. Die entstehen doch meistens aus dem Alltag heraus, aus dem ständigen Zusammenleben – mal ganz abgesehen von all den Macken, die jeder von Haus aus so mitbringt. Und wenn ich mal Abwechslung von der Ehe brauche, dann gönne ich sie mir eben hin und wieder mit einem anderen.»

Interessant ist, daß Beate der erotischen Spannung *in ihrer Ehe* offenbar nicht sehr nachtrauert. Sie erwähnt sie eher nebenbei und scheint auch nicht damit zu hadern, daß sich bewahrheitet hat, wovon beide schon zu Beginn ihrer Beziehung ausgegangen waren: die geringen Überlebenschancen der erotischen Attraktion im langjährigen Beziehungsalltag. Was sie in ihren Liebesromanzen sucht, dürfte nicht zuletzt das sein, was in ihrer Ehe an Reiz und Bedeutung verlor, vielleicht aber auch nie ein wesentliches Element in der Beziehung mit ihrem Mann war, eben die wechselseitige erotische Anziehung. Unabhängig davon genießt Beate in ihren Affären aber auch genau das, was Männer wohl schon immer in fremde Betten lockte: der Reiz des Neuen, die Lust am Abenteuer und an der Entdeckung des Unbekannten. Nur was bei Männern noch in den Verhaltensrahmen ihrer vielbeschworenen Triebhaftigkeit fällt, wird beim «schwachen Geschlecht» auch häufig Gegenstand psychiatrischer Betrachtungen.

Wenn eine Frau, etwa wie Beate, mit mehreren Männern gleichzeitig Sexualkontakte hat, läuft sie Gefahr, als Nymphomanin stigmatisiert zu werden. Als ein weibliches Wesen, das an «Mannstollheit» oder an einem «krankhaft gesteigerten Geschlechtstrieb» leidet. In der Psychiatrie geht man davon aus, daß die Ursache der Nymphomanie in einer Urangst der betroffenen Frauen liegt, die während des Geschlechtsakts vorübergehend gemildert wird. Ihr eigentliches (infantiles) Bedürfnis, ständig im Arm gehalten zu werden, das sei ihnen nicht bewußt. Ganz sicher gibt es Frauen (wie Männer!), die aus einem solchen Grund so viele sexuelle Kontakte brauchen, daß alles andere in ihrem Leben dabei in den Hintergrund gerät. Wenn die Suche nach möglichen Sexualpartnern den Alltag eines Menschen prägt und ihn daran hindert, Freude und Befriedigung in anderen Lebensbereichen zu finden, dann mag tatsächlich eine behandlungsbedürftige Störung vorliegen. Bei Beate (um sie hier einmal als Beispiel zu mißbrauchen), die neben ihren Liebesaffären ganz offensichtlich genug Zeit für einen ganztägigen Beruf, für ihre Familie und ihre Freunde hat, ist das sicher nicht der Fall. Ebensowenig scheint sie an «Frigidität» zu leiden, die als wichtiges Symptom der Nymphomanie gilt. «Die meisten Nymphomaninnen haben überhaupt nur selten einen Orgasmus. Sie werden getrieben von einer ständigen Angst vor dem Alleinsein und vor der eigenen Nichtigkeit, einer Angst, die so durchdringend ist wie das Geschrei eines einsamen Säuglings mitten in der Nacht. Obwohl sie sich im Bett mit allen erdenklichen Entwürdigungen durch die Männer abfinden, suchen sie oft nur die elementarsten körperlichen Sicherheiten. Nymphomanie ist die Domäne der unreifen und unzulänglichen Persönlichkeit»[3], schreibt die amerikanische Ärztin und Sexualtherapeutin Avodah K. Offit. Sie betont allerdings auch, daß es von jeher Männer waren, die sinnliche und sexuell sehr aktive Frauen gern als Nymphomaninnen etikettierten. Die unterschiedliche gesellschaftliche Bewertung der männlichen und weiblichen Sexfreudigkeit besteht nach wie vor, und nach wie vor im alten Stil; Männern wird zugebilligt, wofür man Frauen nicht selten vorschnell pathologisiert. Wenn es nicht um Nymphomanie geht, dann beispielsweise um eine zum Scheitern verurteilte Identitätssuche in fremden Armen. So meint etwa Avodah Offit: «Frauen, besonders die einfältigeren, scheinen zu glauben, ein bewegtes Liebesleben... werde Künstlerinnen, Schriftstellerinnen, Schauspielerinnen oder Transzendalphilosophinnen aus ihnen machen. Sie haben nicht einmal zu Anfang das Gefühl einer eigenen Identität. Sie versuchen herauszufinden, was und wer sie seien. Durch sexuelle Abenteuer zur Selbstverwirklichung gelangen zu wollen, ist etwa so vernünftig, wie Kartoffeln zu stecken und eine Orchideenernte zu erwarten...»[4] Wie scharfsinnig und für manche «Fälle» der psychologischen Praxis womöglich zutreffend. Traurige Tatsache ist jedoch auch, daß weiblicher Triebhaftigkeit scheinbar überhaupt etwas Bedrohliches anhaftet, so daß sie nur allzuschnell zum (Diagnose-)«Fall» gemacht wird.

Beate jedenfalls sucht in fremden Betten nicht das eigene Ich. Sie betrachtet sich selbst weder als «Männerfresserin» noch als eine Frau, die mit übermäßigem sexuellem Appetit ausgestattet ist. «Für mich zählen nur zwei Dinge. Einmal, daß ich gefühlsmäßig mit mir im Einklang bin. Und ich denke, dem ist so. Ich kann es wirklich genießen, ohne Schuldgefühle mit einem anderen Mann zusammenzusein. Der andere Punkt ist die Rücksichtnahme auf Michael und auf meine Kinder. Vorwürfe würde ich mir nur dann machen, wenn meine Familie in Mitleidenschaft gezogen würde durch meine heimlichen Treffs. Das will ich auf gar keinen Fall. Aber zu der Sache an sich, zu der gelegentlichen Lust auf einen anderen Mann, dazu kann ich stehen. Das ist immer etwas sehr Ehrliches gewesen.»

Menschen, für die Treue unteilbar ist, werden für Beates Verhalten wenig Verständnis haben. In ihren Augen wird sie eine «Ehebrecherin», eine «Betrügerin» oder eine «Egoistin» bleiben, was konsequenterweise dann auch für Michael zu gelten hätte! Möglich ist, daß sie sich um die Chance bringt, die Beziehung mit ihrem Mann zu verändern, weil sie sich nicht mit ihm über seine und ihre Affären auseinandersetzt. Andererseits machte sie nicht den Eindruck, als *wolle* sie ihre Beziehung mit Michael überhaupt verändern; sie gefällt ihr offenbar so, wie sie ist. Zudem bietet ihr die Lebensform, für die sie sich entschieden hat, für die sie beide sich entschieden haben, den Handlungsfreiraum für etwas, auf das sie unter keinen Umständen verzichten möchte: auf gelegentliche erotische Erfahrungen mit anderen Männern.

Ein Ausflug in eine fremde Welt

In der psychologischen Literatur kommen Frauen, die mit mehreren Männern Sexualkontakte haben, nicht gut weg. Da ist, wie gesagt, von Nymphomaninnen die Rede oder sogar von den «Einfältigen». Der Familientherapeut Frank Pittman geht davon aus, daß den meisten Frauen «das ‹natürliche› Talent» zum «sexuellen Abenteuertum» fehle und sie «nicht so unbekümmert und unpersönlich fremdgehen wie Männer».[5] Tun sie es dennoch, werden sie um so kritischer bewertet. Da haben wir es nach seinen Erfahrungen dann zu tun mit «Romantikerinnen ... die ihre Sexualität nur einsetzen, um den magischen Augenblick der Bezauberung zu erleben», und «naiv ... auf der Suche nach der ‹großen Liebe› sind».[6] Es kann noch schlimmer kommen – nämlich mit «sexuellen Abenteuerinnen»: «Es gibt eine kleine, aber wachsende Zahl weiblicher ‹Don Juans›, kühle, feindselige Verführerinnen, die ihre Sexualität einsetzen, um Macht über Männer auszuüben.»[7] Eine solche Frau betrachte Männer meistens als Schürzenjäger und versuche, sie mit ihren eigenen Waffen zu schlagen. Angeblich kann sie «mit männlichen Verführern ... in der Regel gut umgehen, und manchmal hat sie mit einem oder mehreren von ihnen erotische Freundschaften, sexuell intensive, aber emotional kühle Beziehungen – sie sind Verbündete, die sich gegenseitig ihre

Alpträume erfüllen»[8]. Die Ursachen für dieses von der Norm abweichende Verhalten sieht der amerikanische Psychiater in frühkindlichen Traumata der betreffenden Frauen. Sie wurden entweder in ihrer Kindheit sexuell mißbraucht und betrachten Sexualität infolgedessen als «einen Akt der Ausbeutung, Erniedrigung und Aggression»[9]. Oder sie hatten Väter, die notorisch fremdgingen und damit bei ihren Töchtern so viel Wut auslösten, daß sie es später genössen, «Männer auf eine Weise zu verführen, die ihnen die größtmögliche Demütigung bereitet»[10]. Die Bewertungen des Psychiaters sprechen eine deutliche Sprache: Frauen, die mit mehreren Männern Geschlechtsverkehr haben, leiden unter unbewältigten psychischen Störungen, die sie suchtartig und hemmungslos in sexuelle Abenteuer treiben; es handelt sich dabei mutmaßlich um emotional unterkühlte Wesen, die unbewußte Aggressionen gegen Männer haben und sich mit unverbindlichem Sex an ihnen rächen wollen.

Herr Pittman wird wissen, von welchen «Fällen» er spricht. Unter meinen Interviewpartnerinnen ist mir das Schreckgespenst der rachsüchtigen und gefährlichen Frau, die bedenkenlos Ehen zerstört und Familien ins Elend reißt, allerdings nicht begegnet.

«Treue – was heißt das eigentlich?» fragt Gaby. «Bin ich meinem Mann untreu, wenn ich alle Schaltjahre mal mit einem anderen schlafe, oder dann, wenn ich dauernd an andere *denke*, aber einfach zu feige bin, es auch zu *tun*?» Eine gute Frage, denn wieviel eine Treue wert ist, die aus Trägheit, aus Mangel an Gelegenheiten oder aus Angst vor den Reaktionen des Lebensgefährten aufrechterhalten wird, darüber läßt sich wirklich streiten. «Untreue» bedeutet für die meisten Menschen, den Partner mit einem anderen zu betrügen, *sexuell* versteht sich. Ob die Sexualität dabei als befriedigend oder enttäuschend, beglückend oder belanglos erlebt wird, spielt keine Rolle. Entscheidend ist, daß man sich einem anderen körperlich zugewandt und mit ihm, sei es auch nur für einen Augenblick, Nähe und Intimität erlebt hat. Viele andere alltägliche und weitverbreitete Varianten der «Untreue» scheinen weitaus weniger bedrohlich. Zum Beispiel wenn man dem Lebenspartner wichtige Dinge verschweigt, weil man ihm nicht mehr vertraut, oder resigniert hat, weil man sich ohnehin nicht mehr von ihm verstanden fühlt; wenn man anfängt, emotional ein Eigenleben zu führen, von dem er – vielleicht im Gegensatz zur besten Freundin oder anderen gemeinsamen Freunden – keine Ahnung hat. Sexuelle Untreue läßt sich dingfest machen. Aber alles andere, wie «Unehrlichkeit, Ausweichen, Sich-Nicht-Begegnen-Wollen... das ist viel schwerer zu fassen... als das Drama des Seitensprungs»[11], meint der Heidelberger Psychotherapeut Uwe Genkel.

Gaby ist 39, Grundschullehrerin, Mutter eines vierzehnjährigen Sohnes und seit fünfzehn Jahren mit einem Psychologen verheiratet. «Mit allen Höhen und Tiefen, die nunmal zu einer so langen Beziehung dazugehören. Aber wir haben immer wieder zueinandergefunden und kommen im großen und ganzen gut zusammen klar. Auch in der Sexualität, wo wir natürlich nicht mehr so leidenschaftlich, dafür aber sicher und vertraut miteinander umgehen. Trotzdem nimmt mir das nicht die Lust, ab und zu mit einem anderen Mann ins Bett zu gehen. Zum Beispiel, wenn ich allein oder mit einer Freundin zusammen Urlaub mache. Ich hab eine ausgesprochene Schwäche für schöne, dunkle Südeuropäer, gerade auch für ihre machohafte Art, die mich manchmal sehr anzieht. Um nichts in der Welt möchte ich mit einem von denen zusammenleben. Trotzdem fasziniert mich das Draufgängerische, das sie ausstrahlen. Dieses betont männliche Gehabe, das meinem Mann völlig abgeht und das ich im Alltag mit Sicherheit auch nicht ertragen könnte.»

Ihren Mann beschreibt Gaby als sehr ruhig und zurückhaltend, aber auch als einen Menschen, dem man an der Kleidung, am Gesichtsausdruck und einfach «an allem ansieht, daß er ein Intellektueller ist». Mit ihm könne sie über alles reden und Probleme «so lange durchwälzen, bis sie endlich bewältigt sind». Das klingt nach reichlich Kopfarbeit und läßt durchschimmern, was Gaby hin und wieder nach draußen treibt: die Suche nach Begegnungen, in denen sie spontan und impulsiv handeln kann, ohne vorher «jeden Schritt zehnmal im Kopf hin und her zu drehen». Solche Erfahrungen scheinen ihr mit Männern, die sie «Machos» nennt, leichter zu gelingen als mit «den vielen Intellektuellen, die mehr im Kopf als in ihrem Körper zu Hause sind».

Vor einigen Monaten lernte Gaby «einen dieser machohaften Typen» in Hamburg kennen, in einem Abendkurs für Spanisch an einer Fremdsprachenschule. «Tom fiel mir gleich am ersten Abend auf, als er mit seinem Motorradhelm in der Hand in den Klassenraum kam. Er hat kurze schwarze Haare, ist groß, auffallend attraktiv und sieht aus wie einer, der regelmäßig ins Fitneß-Studio geht – was er übrigens auch tut. Er gefiel mir auf Anhieb, aber nicht nur vom Äußeren her. Auch in seiner Art, er ist so erfrischend direkt und offen, so klar und einfach, das hat mir unwahrscheinlich imponiert. Tom ist Heizungsmonteur, lebt auf dem Kiez und läßt sich einfach in keine Schablone pressen. Wenn er sich in seinem breiten Hamburger Slang zu Wort meldet und zum Beispiel irgend etwas vorbringt, was ihm nicht paßt, dann immer ohne Umschweife, ohne übertriebene Höflichkeit oder jegliches Getue und Gemache. Lange Diskussionen über irgendwelche Gruppenprobleme sind ihm ein Greuel. Dann rutscht er unruhig auf seinem Sitz hin und her, schnappt sich seinen Helm und droht zu gehen, wenn ‹das ganze Geschwafel› nicht sofort aufhöre.»

Für Gaby ist Tom ein Mann aus einer anderen Welt. Einer, der Probleme nicht «ausdiskutiert», wie sie es aus ihrem Lebensumfeld gewöhnt ist, sondern sie möglichst schnell und mit wenigen Worten vom Tisch fegt. Aber nicht nur das. Angefangen bei der behütenden Familienatmosphäre, in der Gaby aufwuchs, und Toms chaotischem Elternhaus, in dem Alkohol und Schlägereien auf der Tagesordnung standen, scheint es in ihrem Leben nichts, aber auch gar nichts Verbindendes zu geben. Gaby lebt in einer stabilen Beziehung und übt einen Beruf aus, der zwar anstrengend ist, ihr aber viel Spaß macht. Tom hat zwei gescheiterte Ehen hinter sich, macht beruflich mal dies, mal das, manchmal auch gar nichts, verfolgt keine bestimmten Ziele und läßt sich mehr oder weniger treiben. Was also macht für Gaby die Attraktion der Beziehung aus?

«Ich glaube, es ist zum einen seine direkte Art, aber auch dieser Hauch von Brutalität und eben dieses Draufgängerische, das mich bei fremden Männern sehr anzieht. Natürlich nur dann, wenn sie, so wie Tom, nicht wirklich gefährlich sind.»

Was genau Gaby mit «draufgängerisch» und «einem Hauch von Brutalität» meint, macht sie an zwei Beispielen deutlich.

«Als ich Tom nach der dritten oder vierten Kurswoche fragte, ob ich mal mit ihm auf dem Motorrad fahren dürfte, brachte er mir zur nächsten Stunde einen Helm mit und fuhr mit mir quer durch Hamburg. Aber wie!! Wir rasten mit bald hundert Sachen durch die Stadt, Autos rechts, Autos links, und wir immer mitten durch. Da mußte mir der Macho erst mal zeigen, was für ein Kerl er ist... Und ich, die ich solche Eskapaden ja überhaupt nicht gewöhnt bin, spürte zum erstenmal, wie sehr ich am Leben hänge! Aber es war auch so ein Gemisch aus Angst und Lust. Ich finde, Motorradfahren ist etwas ungeheuer Erotisches, aber ich hätte es mit keinem anderen als mit ihm erleben wollen. Es hatte ganz stark etwas mit Tom zu tun. Ich hielt mich an ihm fest, bekam Körperkontakt mit ihm, und als mein Blick auf seine Hände fiel, war mit einem Schlag meine ganze Angst weg. Wirklich. Als ich seine Hände sah, die so ruhig und sicher das Lenkrad umfaßten, hatte ich mit einemmal ganz starkes Vertrauen, daß mir mit ihm nichts passieren würde. Als er mich dann absetzte, stand ich total verlegen da, weil ich das Zusammensein mit ihm so genossen hatte. Ich hab mich ganz schnell verabschiedet und bin gegangen. Auf dem Nachhauseweg fragte ich mich, warum dieser Kerl mich derart aus der Fassung bringen konnte und was ich eigentlich von ihm wollte. Von einem Typen, mit dem ich keine halbe Stunde zusammensein könnte, weil ich überhaupt nicht wüßte, über was ich mit ihm reden sollte. Ein andermal gingen wir zusammen zum Italiener und danach zu ihm. Der Sex mit Tom war so ungewöhnlich wie der ganze Mann. Ich hab ja nicht gerade wenig Erfahrungen, aber so etwas dann doch noch nie erlebt. Eine so ausgesprochen aggressive Sexualität mit Fesseln und Augen verbinden. Das Ganze hat mich gleichzeitig erschreckt und fasziniert, weil ich so etwas überhaupt nicht kannte und von mir aus nie auf die Idee zu solchem Sex gekommen wäre. Obwohl wir viel miteinander schlafen, geht es nicht nur um Sex. Wir erzählen uns auch viel aus unserem Leben. Ich schätze einfach seine offene Art und könnte ihm stundenlang zuhören. Wenn er erzählt, von seinen Heimerfahrungen, den Schlägereien, in die er verwickelt war, und wie er sich immer ganz allein aus dem Sumpf gezogen hat.»

Ganz offensichtlich stellt Tom für Gaby einen deutlichen Kontrast zu ihrem eigenen Leben dar. Zu einer sicheren Existenz, in der alles seinen geregelten, gleichmäßigen Gang geht und möglicherweise das Psychologisieren einen sehr breiten, spontanes Handeln hingegen einen zu geringen Raum einnimmt. Tom, der aus einer anderen Schicht kommt und in einem völlig anderen Milieu zu Hause ist, scheint jenen Hauch von Abenteuer und Exotik in ihr Leben zu bringen, den Gaby trotz der harmonischen Partnerschaft mit ihrem Mann des öfteren zu Hause vermißt, zumindest seit sie Tom kennengelernt hat. Sie bewundert an ihrem Liebhaber aber auch die Zähigkeit, mit der er sich trotz seiner schlechten Startchancen «immer wieder durchs Leben boxt» – und zwar ohne die Unterstützung jener professionellen Helfer, auf die viele ihrer Freunde beim geringsten Anlaß sofort zurückgriffen: auf Psychologen und Psychotherapeuten. Stolz und immer wieder von lautem Lachen unterbrochen, schildert sie den einzigen Kontakt, den ihr Freund jemals mit der Welt jener Berufsgruppe hatte, die ihr über ihren Mann und viele ihrer Freunde so vertraut ist.

«Vor gut einem Jahr suchte Tom einmal einen Psychiater auf. Es war kurz nach seinem vierzigsten Geburtstag, und Tom fand, daß er jetzt endlich Ordnung in sein Leben bringen und alles richtig in den Griff kriegen müsse. Als er mir neulich seine Erfahrungen mit diesem Arzt schilderte, hätte ich mich fast kaputtgelacht. In seiner trockenen Art erzählte er, der Psychiater habe ihm die ganze Zeit gegenübergesessen, aber ständig mißmutig auf seinen Schreibtisch hinübergestarrt und dabei komische Handbewegungen gemacht. Als Tom ihn fragte, was los sei, habe er sich entschuldigt und gesagt, er sei so gereizt, weil sein Anrufbeantworter nicht mehr richtig funktioniere. Tom stand daraufhin auf, sah sich den Anrufbeantworter an, nahm ihn auseinander und brachte ihn in Ordnung. Anschließend gab er dem Psychiater die Hand, verabschiedete sich und ging. Zu mir sagte er dann: ‹Also, von einem Typ, der nicht mal mit seinem Anrufbeantworter umgehen kann, dürfte nicht allzuviel zu erwarten sein. Ich ziehe mich wohl auch in Zukunft besser allein aus der Scheiße ...› Das imponiert mir unwahrscheinlich. Daß er sich immer wieder alleine durchbringt und nicht wie die betuchten Mittelstandsmenschen, mit denen ich sonst zu tun habe, von Therapeut zu Therapeut rennt. Und daß er Klartext redet. Neulich, als wir mal über unsere Beziehung sprachen und ich selber dabei ins Psychologisieren kam, hörte er mir eine Weile stirnrunzelnd zu. Dann unterbrach er mich und sagte: ‹Auf dein Psychogelaber hab ich überhaupt keinen Bock, das kannst du dir abschminken. Das nervt mich, und davon verstehe ich auch nichts. Sag mir lieber klar, was bei dir Sache ist, damit ich weiß, wie ich bei dir dran bin, und spiel vor allem keine komischen Spielchen mit mir.› Das hat mich beeindruckt und mir auch geholfen, selber klarer zu werden.»

Offenbar spricht Tom etwas aus, das Gaby selbst am Herzen liegt: statt langer psychologischer Diskussionen mehr

Klarheit und Unzweideutigkeit im Umgang mit ihrem Mann und dem Freundeskreis. Auch daß sie sich mit Tom und seiner Handfestigkeit identifiziert und sich lauthals über das mangelnde technische Geschick des Psychiaters mokiert, deutet auf ein Unbehagen, vielleicht sogar auf Aggressionen gegenüber ihren Psychologen-Kreisen hin. In unserem Gespräch hebt Gaby allerdings immer wieder hervor, daß sie Tom als Mensch mag, ihn als Bereicherung empfindet und nicht als Ersatz für etwas, was in ihrem sonstigen Leben zu kurz kommt.

«Bislang stellt Tom noch keine großen Ansprüche an mich. Er akzeptiert, daß mir mein Mann und mein Sohn wichtig sind und ich die beiden nicht verlassen will. Offenbar kann er sich damit zufriedengeben, daß wir uns fast nur nach dem Spanischkurs sehen. Ab und zu schwänzen wir auch mal 'ne Stunde, fahren mit dem Motorrad an die Ostsee und gehen hinterher schön essen. In letzter Zeit redet er allerdings häufiger davon, daß er im Frühling gern mit mir per Motorrad nach Spanien fahren würde. Wie ich das bewerkstelligen soll, ist mir im Moment noch völlig unklar. Lust hätte ich schon, die Frühjahrsferien mit ihm im Süden zu verbringen. Aber was dann der Familie erzählen? Peter hat natürlich keine Ahnung von diesem Verhältnis, und ich will auf keinen Fall, daß er etwas erfährt. Es lohnt sich nicht, und es täte ihm nur unnötig weh. Schließlich hab ich überhaupt nicht die Absicht, meine Familie zu verlassen oder Tom zu heiraten. Aber ich will diese Beziehung mit ihm auch nicht einfach abbrechen. Da ist einmal dieses ganz starke Begehren, das Tom in mir auslöst, aber es sind auch noch andere Gefühle im Spiel, sonst hätte ich es nach dem ersten- oder zweitenmal gelassen. Nur das heißt noch lange nicht, daß ich deshalb mein bisheriges Leben über den Haufen schmeißen und mich mit ihm zusammentun will. So wie es jetzt läuft, ihn einmal in der Woche zu treffen, das ist für mich optimal. Das einzige, was mich an der ganzen Affäre stört, ist, daß ich nach dem Zusammensein mit Tom nicht eine Weile für mich allein sein kann. Wenn ich danach nach Hause komme und mein Mann mich in den Arm nimmt, empfinde ich das als sehr belastend. Ich bräuchte mehr Zeit zwischen beiden. Ein paar Stunden ganz für mich, damit das, was ich mit Tom erlebt habe, erst mal sacken kann, bevor ich mich wieder meiner Familie zuwende. In letzter Zeit träume ich immer häufiger von einer eigenen kleinen Wohnung, in die ich mich einfach mal zurückziehen könnte. Nicht um dort irgendwelche Liebhaber zu empfangen, sondern um mehr mit mir allein zu sein, aber auch um mich wieder richtig auf die Begegnungen mit meinem Mann freuen zu können. Ansonsten genieße ich im Moment mein Verhältnis mit Tom und mache mir keine allzu großen Gedanken über die Zukunft.»

Gabys Liebesaffäre mit Tom erweckt den Eindruck, als wolle sie aus einem Leben ausscheren, das ihr eng, zu wohlgeordnet und zu brav geworden ist. Sie wirkt wie ein Ausbruchsversuch aus einer allzu reflektierten Welt, in der für die unmittelbaren und aufregenden Seiten des Lebens nicht genug Platz zu sein scheint. Gaby betont immer wieder, daß es in ihrer Ehe keine nennenswerten Probleme gibt. Aber die Phantasien, die sie mit einer eigenen Wohnung verknüpft, weisen darauf hin, daß sich in das gemeinsame Leben mit ihrem Mann doch Gewöhnung, Routine und vielleicht auch Langeweile eingeschlichen haben. Die eigene Wohnung soll ihr schließlich nicht nur als Rückzugsmöglichkeit dienen, sondern auch dazu, sich auf ihren Mann «wieder richtig freuen zu können». Ob sie es wahrmachen wird, ist fraglich. Denn im Moment scheint Gaby sich noch mit gelegentlichen Ausflügen aus dem Ehealltag und einem Leben mit zwei Männern zu arrangieren. Mit dem einen bewegt sie sich in einer Welt, die ihr vertraut, aber auch etwas zu fad geworden ist, mit dem anderen in Sphären, die zwar aufregender wirken, für sie aber keine echte Alternative sind. Tom bietet ihr etwas, was sie in ihrer Ehe und in ihrem Freundeskreis nicht findet, etwas, was sie *bei ihrem Mann* aber auch gar nicht suchen würde. Was Gaby von vielen anderen Frauen unterscheidet, ist, daß sie relativ unbekümmert ihr Doppelleben genießen kann. Sie vertraut darauf, daß sich im Laufe der Zeit schon irgendeine Klärung ergeben wird. Ob durch den Umzug in eine eigene Wohnung, die Beendigung ihrer Affäre mit Tom oder auch, indem sie mit ihrem Mann über ihr Verhältnis sprechen wird. Das ist zwar im Moment alles noch offen, bereitet ihr «aber keine schlaflosen Nächte». Vielleicht ist Gaby eine Verdrängerin. Sicher ist lediglich, daß Frauen wie sie von traditionell weiblichen Verhaltensmustern abweichen. Sie nehmen ihre eigenen Wünsche nicht nur wahr, sondern setzen sie, selbst wenn es sich dabei um «Verbotenes» handelt, auch in die Tat um. Frauen wie Gaby schaffen sich, wenn sie Lust dazu verspüren, auch außerhalb ihrer Ehe einen Rahmen, in dem sie bestimmte Seiten ihrer Persönlichkeit leben. Das alles wäre weniger bemerkenswert, ginge es dabei um berufliche Ambitionen oder Freizeitwünsche. Schließlich haben wir die Zeiten längst hinter uns gelassen, in denen der Ehemann seiner Frau verbieten konnte, einen Beruf auszuüben oder allein in die Ferien zu fahren. Aber es geht um etwas anderes – um einen Spielraum für das eigene Vergnügen, um Sex, und das macht die Sache schon erheblich schwieriger. So lange ist es schließlich noch gar nicht her, daß die patriarchale Doppelmoral «Ehebrecherinnen» (auch vermeintliche) als Huren stigmatisierte. Und bis zum heutigen Tag klebt an der sexuell aktiven Frau das Bild des Lasterhaften, betreibt sie «Hurerei». Ganz besonders dann, wenn sie ihre Lust eigenständig lebt und auf die Befriedigung sexueller Wünsche auch außerhalb der Ehe oder Partnerschaft nicht verzichtet.

Bei dem einen ist es Liebe, bei dem anderen nichts als Lust

Über die Last der Frauen mit der Lust wurde schon vieles geschrieben. Sie scheint nicht – wie die Liebe – zum «natürlichen Wesen der Frau» zu gehören, sondern gilt ebenso wie die Freude an der Abwechslung und am Abenteuer seit Jahrhunderten als die Domäne des Mannes. Wir müssen weit in der Geschichte zurückgehen, um auf ein anderes Frauenbild zu stoßen. In ihrem Buch «Die Befreiung des weiblichen Begehrens» schreibt Herrad Schenk, daß man Frauen noch im späten Mittelalter und in der frühen Neuzeit als ausgesprochen sinnliche und lüsterne Wesen mit schier unstillbarem sexuellem Appetit betrachtete.[12] Die Sozialwissenschaftlerin verweist dabei auf literarische Quellen aus dem vierzehnten bis sechzehnten Jahrhundert, die Frauen sogar mehr Sexualkraft als Männern zuschreiben. Ein anschauliches Beispiel dafür liefert eine Novelle in Boccaccios «Decamerone». Eine schöne und mit einem Edelmann verheiratete Dame namens Filippa hat ein Verhältnis mit Lazzarino. Eines Tages werden die beiden von Filippas Mann überrascht, der seine Frau daraufhin vor Gericht verklagt. Er hofft, daß man sie zum Tode durch Verbrennen verurteilen werde, so wie das Gesetz es vorsieht. Filippa, der man rät, sie solle fliehen und sich in Sicherheit bringen, erscheint hingegen vor Gericht und gibt ihren Ehebruch freimütig zu. Sie verweist darauf, daß das Gesetz, nach dem sie verurteilt werden soll, von Männern ohne Mitwirkung der Frauen gemacht worden sei. Und sie fordert den Richter auf, ihren Ehemann zu fragen, ob sie ihm je den Beischlaf verweigert habe, wenn er Lust darauf hatte. Der Gatte muß das verneinen, woraufhin Filippa den Richter fragt: «Wenn er stets von mir erhalten hat, was er bedurfte und verlangte, was sollte ich mit dem beginnen, was mir noch übrigblieb? Sollte ich es den Hunden vorwerfen? Ist es nicht weit besser, einen edlen Mann, der mich über alles liebt, damit zu erfreuen, als es ungenutzt verderben zu lassen?» Das leuchtet dem Gericht augenblicklich ein, so daß nicht nur Filippa freigesprochen, sondern auf der Stelle auch gleich das Gesetz geändert wird.[13] Eine außergewöhnliche Geschichte, in der eine Ehebrecherin, entgegen der Tradition, straffrei ausgeht und darüber hinaus nicht nur als schöne, sondern auch als kluge und souveräne Frau dargestellt wird.

Die Zeit scheint rückwärts gelaufen zu sein. In den letzten beiden Jahrhunderten setzte sich das Bild von der an romantischer Liebe, nicht aber an Sex interessierten Frau durch. Ein Bild, das unsere Urgroßmütter und Großmütter verinnerlicht hatten und in den allermeisten Fällen auch noch die Mütter der Frauen, die heute über dreißig sind. Herrad Schenk verweist darauf, wie eng die Austreibung der weiblichen Sexualität mit der Entwicklung unseres naturwissenschaftlich-technischen Zeitalters verflochten ist. In diesem gesellschaftlichen Prozeß war (und ist) nicht nur die Kontrolle über die Natur angestrebt, sondern auch über die als bedrohlich und chaotisch geltende weibliche Sexualität. «In diesen Jahrhunderten bauten die Männer, ihre gesellschaftliche Machtposition nutzend, die patriarchale Doppelmoral aus. Die Aufspaltung der Gesamtheit aller Frauen in Heilige und Hexen, in Mütter und Huren verschaffte ihnen ein Ventil für eigene sexuelle Bedürfnisse, die sie als dunkel, bedrohlich und böse empfanden, und zugleich die angenehme Illusion, alles unter Kontrolle zu haben.»[14] Die (ehrbaren) Frauen aber verdrängten ihre sexuellen Gefühle und Wünsche, bis sie sie schließlich selbst nicht mehr wahrnahmen. Was blieb, war die Sehnsucht nach Zärtlichkeit und Romantik, nach einer liebevollen Zuwendung des Ehemannes, welche die lüsternen und triebhaften Elemente der Sexualität von Frauen ausklammerte.

Natürlich gelten Frauen heute, gut zwanzig Jahre nach dem, was wir die «sexuelle Revolution» nennen, nicht mehr als geschlechtskalte Wesen. Aber heißt das, daß sie nun ihr Begehren aktiv zeigen und es auch außerhalb der festen Zweierbeziehung leben dürfen? Mitte der achtziger Jahre trug die amerikanische Autorin Carol Cassell die heutigen gesellschaftlichen Verhaltensvorschriften für Frauen zusammen. Diese «neuen Spielregeln» im Umgang der Geschlechter enthalten nach wie vor viele (und zwar die alten) Einschränkungen für Frauen. Demnach sollte eine Frau *nicht*:

- mit zu vielen Männern schlafen;
- zu geil oder zu anspruchsvoll sein;
- zu passiv sein;
- sexuelle Anweisungen geben, bevor sie den Partner nicht sehr gut kennt;
- schon vorher vorbereitet sein (das heißt, mit einem Diaphragma zu einem Rendezvous kommen).[15]

Mit anderen Worten: nicht zu zurückhaltend, aber auch nicht zu direkt, nicht zu kalt, aber auch nicht zu heiß, sexy in der Ausstrahlung, aber verhalten und anpassungsbereit, wenn es zur Sache geht. Eine Gratwendung, die höchstes Geschick, Konzentration und Anstrengung verlangt – wenn frau sich überhaupt auf sie einläßt. Denn es gibt immer mehr Frauen, die sich nicht an Spielregeln halten wollen, die nicht auch von ihnen (mit)gemacht wurden. Die nicht nur auf das Begehren eines Mannes reagieren, sondern ungeniert und eigenständig ihre Lust dort leben, wo sie aufkommt.

Anna ist 38, Übersetzerin und Dolmetscherin und seit sieben Jahren mit einem Graphiker verheiratet, für den der Beruf eine ebenso zentrale Bedeutung hat wie für sie selbst. Beide sind sie Freiberufler und arbeiten häufig zu Hause. Ihre Ehe beschreibt Anna trotz der alltäglichen Nähe als anregend und befruchtend für beide und ihren Mann als «Partner fürs Leben – ohne wenn und aber». Ihre einzig ernsthafte Beziehungskrise hatten sie vor fünf Jahren, als Anna beruflich in existentielle Schwierigkeiten geriet. Sie bekam damals kaum lukrative Dolmetscheraufträge und hielt sich mit schlechtbezahlten Übersetzungsarbeiten nur mühsam über Wasser. Die Zweifel über ihre beruflichen Fähigkeiten und der Frust über das geringe Einkommen lud sie bei ihrem Mann ab. Tagtäglich arbeitete er im Zimmer nebenan, und lange Zeit hatte er auch ein offenes Ohr für Annas Sorgen und Nöte. Bis ihm eines Tages alles zuviel wurde, er von ihren Klagen nichts mehr wissen wollte und sie aufforderte, ihre Probleme «anders als durch Herumjammern zu lösen». Anna fühlte sich zutiefst gekränkt, zog aus dem gemeinsamen Schlafzimmer aus und reagierte mit «totaler Verweigerung». Erst mit Hilfe einer Eheberatung fanden sie wieder zueinander.

«Die Beratung hat uns unwahrscheinlich viel gebracht. Wir haben gelernt, uns im alltäglichen Leben besser voneinander abzugrenzen. Jeder respektiert jetzt den Arbeitsbereich des anderen – wir schließen die Türen. Mir fiel das am Anfang zwar schwerer als Bernd, aber mittlerweile genieße ich es auch, ungestörter arbeiten zu können. Ich glaube, wir können uns jetzt besser loslassen, wir haben nicht mehr den Anspruch und die Erwartung, alles miteinander zu teilen. Ich akzeptiere, daß Bernd nicht automatisch für mich verfügbar ist, bloß weil er nebenan sitzt, und er geht nicht mehr davon aus, daß er alle möglichen Ideen und Einfälle für ein Projekt immer gleich mit mir besprechen kann. Durch die Eheberatung ist aber auch unsere Sexualität schöner geworden. Ich empfinde sie als viel intensiver und ruhiger als in den ersten Jahren. Wir schlafen jetzt zwar nicht mehr so häufig zusammen wie am Anfang unserer Beziehung, lassen uns dafür aber wesentlich mehr Zeit und genießen ausgiebig das Vorher und Nachher. Am meisten berührt es mich, wenn wir morgens noch genauso eng umschlungen aufwachen, wie wir abends eingeschlafen sind. Diese intensive Nähe während des Schlafens, das kann ich mir mit keinem anderen Mann als mit Bernd vorstellen.»

Anna und Bernd gelang es offenbar, mit Hilfe ihrer Paarberatung den schwierigen Balanceakt zwischen Nähe und Distanz zu meistern. Ein Problem, das in ihrem Alltag, der nicht von regelmäßigen beruflichen Trennungsphasen unterbrochen wird, wesentlich stärker auftritt als in anderen Beziehungen. Nachdem sie es gelernt hatten, stärker auf ihre eigenen Wünsche zu achten und ihnen gemäß auch zu handeln, veränderte sich gleichfalls ihre Erlebnisfähigkeit in der Sexualität. Obwohl Anna sich selbst und Bernd nun als konfliktfähiger und ihre Beziehung als wesentlich lebendiger einschätzt, trifft sie sich seit gut drei Jahren in unregelmäßigen Abständen mit einem anderen Mann. Und zwar «einzig und allein, um mit ihm ins Bett zu gehen». Ihren Liebhaber lernte Anna auf der Betriebsfeier einer Bremer Firma kennen, für die sie seit einigen Jahren als Dolmetscherin arbeitet.

«Nie werde ich den Moment vergessen, als mein Auge auf Rainer fiel, den man mir wenig später als neuen Mitarbeiter vorstellte. Er stand allein am Fenster, trug ein dunkelgrünes Seidenhemd, hatte ein Sektglas in der einen, eine Zigarette in der anderen Hand und sah einfach umwerfend aus: sehr groß, dichtes, dunkles Haar, dunkler Schnauzer, große, dunkelgrüne Augen. Als er mich ansah, wurde ich sofort unsicher. Ich bemühte mich, selbstbewußt zurückzulächeln, ging aber mit zitternden Knien auf die Leute zu, die ich kannte. Als Rainer mir wenig später vorgestellt wurde, spürte ich, wie ich errötete. Es kostete mich eine unglaubliche Anstrengung, scheinbar souverän mit ihm über meine Arbeit etc. zu plaudern. Rainer hörte mir ruhig zu und sah mich dabei dermaßen durchdringend an, daß ich es kaum aushielt. Im Laufe des Gesprächs entdeckten wir dann eine gemeinsame Leidenschaft für England. Wir haben beide in den siebziger Jahren eine Zeitlang in London gelebt, und der Erfahrungsaustausch über Land und Leute nahm mir endlich die Befangenheit ihm gegenüber. Kurz vor Mitternacht verließen wir zusammen das Fest und gingen noch auf einen Drink in eine Bar. Je länger wir blieben, desto stärker zog Rainer mich in seinen Bann. Ich bekam Lust, ihn zu berühren, bemühte mich aber krampfhaft, mir nichts anmerken zu lassen. Es war weniger die Angst, als Frau aktiv auf einen Mann zuzugehen, als das schlechte Gewissen Bernd gegenüber. Mir schoß immer wieder durch den Kopf, daß es überhaupt keinen Grund gab, nach einem anderen Mann Verlangen zu haben. Ich hatte doch zu Hause alles, was ich mir wünschte. Trotzdem, das Begehren, das Rainer in mir weckte, war so stark, daß ich nur zwei Möglichkeiten sah: ihm nachzugeben oder schnell zu gehen. Ich entschied mich für letzteres, ließ mich von ihm zu meinem Hotel fahren und gestattete mir lediglich einen leidenschaftlichen Kuß im Auto. Völlig aufgewühlt schloß ich die ganze Nacht kein Auge; ich wußte nicht, ob ich vor lauter Frust heulen oder mich darüber freuen sollte, daß ich ‹stark› geblieben war.»

Beides vielleicht! Was an Annas Erzählungen auffällt, ist zum einen, wie sehr sie «Untreue» auf den Sexualakt begrenzt. Alles, was sich in dessen Vorfeld abspielt, angefangen vom begehrenden Blick bis hin zur leidenschaftlichen Umarmung im Auto, betrachtet sie noch als legitim, das «darf» sie noch und wird von ihr nicht als «Betrügen» gewertet. Interessant ist auch, daß sie sich in dem Moment, wo sie ein heftiges Verlangen nach einem anderen Mann spürt, erst mal einredet, «eigentlich keinen Grund dafür zu haben». Sie akzeptiert ihre Lust nicht als etwas Eigenständiges, dem man nachgeben kann oder auch nicht, sondern verleugnet sie und rettet sich nach dem Motto «es kann nicht sein, was nicht sein darf» über eine heikle Situation hinweg. Das Nein zu ihrem eigenen Begehren basiert mehr auf Verdrängung und Angst vor Schuldgefühlen als auf einer bewußten Entscheidung zur Treue gegenüber ihrem Mann. Eine Haltung, die fragwürdig ist. Ein Mensch sei jedoch nicht unbedingt auch «treu», wenn er seinen Partner allein aus äußeren Gründen, etwa aus Angst vor Aids oder aufgrund strenger Moralvorstellungen, nicht «betrügt», meint der Heidelberger Psychotherapeut Uwe Genkel. Dieser Mensch habe nur Angst vor den Folgen. «Authentische Treue» sei dagegen «das Ergebnis einer reifen, persönlichen Entscheidung...»[16]

Ein hohes Ideal. Ob sich die Motivation zur Treue immer so klar auch ausmachen läßt oder sich die verschiedenen Beweggründe nicht vielmehr gegenseitig stützen und durchwirken, sei dahingestellt. Anna jedenfalls merkte, daß sich das Gefühl, das sie in jener Nacht so vermeintlich heldenhaft verleugnet hatte, nicht ohne weiteres abstellen ließ. Sie dachte nun um so mehr an Rainer und malte sich aus, wie es gewesen wäre, wenn sie ihn gebeten hätte, mit auf ihr Zimmer zu kommen. Je mehr Raum Rainer in ihrer Phantasie einnahm, desto unfreundlicher und abweisender wurde Anna im Zusammenleben mit Bernd. Auch das deutet darauf hin, daß es sich bei ihrem Verzicht nicht um eine entschiedene, solidarische Haltung ihrem Mann gegenüber, sondern mehr um ein Pflichtgefühl (oder Feigheit) gehandelt hatte. Daß es in jedem Fall keine «Sinnenentscheidung» war, spürte Anna immer häufiger. Sie verlor sich in Tagträumereien und konnte es nicht verhindern, daß ihre Gedanken an Rainer zunehmend Energien aus ihrer Ehe abzogen. Spätestens jetzt begann sie, den Wert ihrer «Treue» in Frage zu stellen. Sie beschloß, Rainer noch einmal zu treffen und dann eine spontane Entscheidung zu fällen.

«Ich rief ihn an, bevor ich das nächste Mal beruflich nach Bremen fuhr, und wir verabredeten uns abends zum Essen. Rainer hatte einen Tisch in einem kleinen spanischen Restaurant reserviert, und das Essen schmeckte köstlich – nur, ich brachte kaum einen Bissen herunter. Ich hatte nur Augen für ihn, sah immer wieder auf seine Hände und bekam gar nicht mit, was er mir mit seiner dunklen Samtstimme erzählte. Alles, was ich wollte, war ihn und zwar sofort – ohne Umwege über irgendwelche Kneipen oder Bars. Als wir das Restaurant verließen, raffte ich all meinen Mut zusammen und schlug ihm vor, mit mir ins Hotel zu gehen. Kaum dort angekommen, fiel ich mit einer Leidenschaft über ihn her, die nicht nur ihn, sondern auch mich selbst verblüffte. Aber diesmal ließ ich Bedenken erst gar nicht hochkommen. Ich tat genau das, wovon ich über drei Monate lang nur geträumt hatte: endlich mit diesem Mann zu schlafen. Ich hatte eine überwältigende Lust auf Rainer und spürte in mir eine Wildheit, die mir zwar nicht völlig fremd ist, die ich in solcher Intensität aber nur selten erlebe. Es ist nicht so, daß es zwischen Bernd und mir nur Kuschelsex gäbe, aber ich spüre mit ihm nicht diese heftige Leidenschaft und dieses aggressive Begehren, das Rainer auch heute noch in mir auslöst. Jedesmal wenn ich ihn treffe, schießt eine so starke Lust in mir hoch, daß Zärtlichkeiten, Liebesworte und das ganze Drumherum, das ich mit Bernd so genieße, völlig überflüssig werden. Ich brauche mit Rainer keine Kerzenschein-Romantik und kein besonderes Ambiente, um in Stimmung zu kommen. Wenn ich ihn ansehe, seine Stimme höre, ihn berühre, dann will ich nur noch eins: ihn haben. Die Heftigkeit dieses Gefühls erschreckt mich manchmal heute noch. Wahrscheinlich deshalb, weil Rainer durch seine bloße Gegenwart Seiten in mir anspricht, die mir selbst nicht ganz geheuer sind.»

Offensichtlich sind das Seiten, die Anna in ihrer Beziehung mit Bernd entweder nicht erleben *kann* oder sie mit ihm, aus Gründen, die sie vielleicht selbst nicht kennt, nicht erleben *will*. Auf jeden Fall hat sich seit Annas erster Begegnung mit Rainer etwas ganz Entscheidendes geändert: Sie kann ihre Lust auf ihn als ein eigenständiges Gefühl annehmen, ohne es aus schlechtem Gewissen abzuschwächen oder ganz und gar zu verdrängen. Sie ist ehrlicher sich selbst gegenüber geworden, weil sie das in seiner Heftigkeit zuerst irritierende eigene Begehren als zu ihr gehörend akzeptiert und nicht mehr darauf verzichtet, es auch auszuleben. Sie verbirgt zwar ihre Affäre vor ihrem Mann, weil sie ihn «nicht unnötig verletzen möchte» und davon ausgeht, daß die Beziehung mit Rainer «irgendwann wieder vorbei sein wird». Aber sie übernimmt für sich selbst die Verantwortung für ihr Handeln, das nach ihrer Einschätzung mehr mit ihr selbst und weniger mit ihrer Paarbeziehung zu tun hat. Das bedeutet, daß sie ihre derzeitige Lebensform (und möglicherweise auftretende Ambivalenzgefühle) mit sich ausmacht und ihrem Mann nicht mehr indirekt den Verzicht auf etwas anlastet, auf das sie selbst derzeit keinesfalls verzichten möchte.

«Ich treffe Rainer ungefähr drei- bis viermal im Jahr. Immer dann, wenn ich beruflich in Bremen zu tun habe. Unsere Begegnungen laufen immer nach demselben Muster ab: Da Rainer auch verheiratet ist, gehen wir außerhalb der Stadt zusammen essen und dann in mein Hotel. Wenn er gegen ein, zwei Uhr gehen muß, kann ich ihn gut wieder in seine Welt entlassen. Es macht mir nichts aus, daß wir nicht zusammen aufwachen und miteinander frühstücken können. Wahrscheinlich *will* ich es auch gar nicht. Ich will ihn und dieses ungeheuer starke Verlangen nach ihm spüren. Wenn wir uns dann trennen und jeder wieder in seine Welt zurückkehrt, ist das für mich völlig in Ordnung. Es interessiert mich nicht, von ihm Neuigkeiten aus der Firma und noch weniger aus seinem Familienleben zu erfahren. Wir wissen beide, daß uns nur etwas ganz Bestimmtes, nämlich grenzenlose Lust aufeinander, verbindet. Wenn ich anfinge, Rainer mehr Einblicke in mein Leben, in meine Gedanken und Gefühle zu gewähren, dann würde es für mich problematisch, weil das Bereiche sind, die ich mit Bernd und keinem anderen teilen will. Und die Lust würde vielleicht geringer. Trotzdem hat Rainer in meinem Herzen einen Platz. Der ist zwar begrenzt – aber für ihn reserviert. Das was ich mir in den letzten drei Jahren ab und zu mit ihm genehmige, das ist wie ein besonders edler Tropfen Wein, den man sich nur zu bestimmten Anlässen gönnt und dessen außergewöhnlichen Geschmack man beim alltäglichen Genuß irgendwann nicht mehr schätzen würde. Eines Tages wird die Anziehung zwischen Rainer und mir sicher nachlassen, aber solange die Leidenschaft lebendig ist, solange möchte ich sie auch leben.»

Solche Worte aus dem Mund einer verheirateten Frau klingen auch heute noch ungewöhnlich. Einen Mann fürs Leben und den anderen als besonderen Genuß. Ganz zu schweigen von der Unverblümtheit, den Liebhaber mit einem erlesenen Wein zu vergleichen und ihn damit im Bereich der Konsumgüter, wenn auch der gehobeneren Klasse, anzusiedeln! Daß Männer zu allen Zeiten auch außerhalb der Ehe ihrer Lust nachgingen, liegt, so wurde uns das beigebracht, an ihrer stärker ausgeprägten Triebhaftigkeit. «Wir haben Ehefrauen für das Kinderkriegen, Hetären für die Geselligkeit und Sklavinnen für die Lust»[17], soll in der Antike schon Demosthenes gesagt haben. Seit Beginn der Neuzeit kommt das männliche Geschlecht mit der Zweiteilung der weiblichen Bevölkerung in «ehrbare» und «liederliche» Frauen aus.[18] Wollen all die Frauen, die jetzt die gleichen Rechte für sich beanspruchen, die Männer mit ihren eigenen Waffen schlagen? Hat man sich hier einen kollektiven Rachefeldzug vorzustellen? Sind es tatsächlich sexuelle Abenteurerinnen und jene feindseligen und kaltblütigen Verführerinnen, denen der Psychiater Frank Pittman immer wieder in seiner Praxis zu begegnen glaubt?

Bevor sich Anna zu der Haltung, die sie hier so freimütig vertritt, durchringen konnte, hat sie viel über diese «unerklärliche Lust auf einen anderen» nachgegrübelt. Schließlich ist sie therapieerfahren und weiß, «daß jedes Verhalten seine Gründe hat». An ihrer Ehe konnte es nicht liegen. Wie sie es auch drehte und wendete, sie liebte ihren Mann, vermißte bei ihm nichts und wollte ihn gegen keinen anderen tauschen. Auch nicht gegen Rainer. Woran lag es also? Vielleicht war sie ja ihrem Großvater nachgeraten, dem man in der Verwandtschaft wegen seiner vielen Liebesaffären immer schon einen besonders lockeren Lebenswandel nachgesagt hatte. Möglicherweise mußte sie sich selbst mit ihrem Liebesverhältnis beweisen, daß ihr Leben wirklich in keiner Weise dem ihrer Mutter ähnelte. Ihre Mutter hatte früher als Krankenschwester gearbeitet und bei der Heirat mit Annas Vater ihren Beruf aufgegeben, um drei Kinder großzuziehen. Die Unzufriedenheit über das verpaßte eigene Leben stand ihr schon mit vierzig ins Gesicht geschrieben. Anna schwor sich damals, ihre eigenen Bedürfnisse niemals so sträflich zu vernachlässigen wie ihre Mutter. Sie lernte drei Fremdsprachen und entschied sich für einen Beruf, der ihr das Tor nach draußen immer offenhielt. Als sie Bernd kennenlernte und heiratete, akzeptierte er ihren Wunsch, ihr ganzes Leben lang uneingeschränkt berufstätig zu sein und keine Kinder zu bekommen. Die Ablösung vom Lebensstil der Mutter schien ihr also geglückt. Anna gab es schließlich auf, eine stichhaltige Erklärung dafür zu suchen, warum sie zwei Männer gleichzeitig wollte, den einen für immer, den anderen nur für bestimmte Stunden. Sie konnte ihr Verlangen nach Rainer nicht abstellen, akzeptierte es so, wie es war, und vertraute darauf, daß es eines Tages nachlassen und sich auf diese Weise dann von selbst regeln würde.

Annas Bemühungen, eine plausible Erklärung für die Lust auf einen anderen Mann zu finden, muten fast rührend an. Auch weil sie am falschen Ende herumzudoktern scheint und *dort* nach einem Mangel sucht, wo sie gar nichts vermißt. Welcher Mann käme wohl auf die Idee, die Ursachen für eine heftige Liebesaffäre bis zurück in die Großelterngeneration zu verfolgen? Eine geradezu drollige Vorstellung. Wenn Frauen so hartnäckig nach Deutungen (Diagnosen!) suchen und verstehen wollen, warum ihr Verhalten von der vermeintlich weiblichen Norm abweicht, dann wahrscheinlich deshalb, weil sie ihre neuen Freiräume selber mehr als Nischen ansehen; Nischen, die nicht nur einen Lustgewinn, sondern auch Angst und Unsicherheit beinhalten, vor allem wenn frau keine Freundin hat, die's ganz genauso macht! Zwischen mehreren Handlungsvarianten wählen zu können, bedeutet eben nicht nur mehr Freiheit, sondern auch mehr Verwirrung, mehr Verantwortung und mehr Angst. Und es erfordert Mut zum Risiko. Mut, Erfahrungen zu machen, von denen wir nicht von vornherein wissen, ob sie uns guttun oder uns schaden werden. Warum sollten Frauen es da leichter haben als Männer. Was ihnen fehlt, sind Vorbilder. Frauen, die Affären haben, orientieren sich in ihrem Tun ganz offenbar nicht an dem – darin insgesamt geübteren – männlichen Geschlecht. Sie suchen – jede für sich – eigene Formen, ihre weibliche Triebhaftigkeit auszuleben, bzw. werden sich dieser manchmal erst durch ein Liebesverhältnis bewußt.

Frauen wie Beate, Gaby und Anna, die nach ihren Schilderungen nur *aus Lust* und nicht aus einem Mangel heraus erotische Erfahrungen außerhalb ihrer Zweierbeziehung machen, gehören mit diesem Selbstverständnis noch immer einer Minderheit an. Aber längst nicht mehr alle Frauen sind dazu bereit, in ihren Liebesbeziehungen ausschließlich die «klassisch weiblichen» Werte von Treue, Verzicht und Anpassung zu verkörpern und den Männern weiterhin allein das Terrain für Lust und Abwechslung zu überlassen. Frauen werden im Umgang mit ihrer Lust und ihrem Begehren experimentierfreudiger – und setzen sich dabei allmählich auch über althergebrachte, doch nach wie vor wirksame gesellschaftliche Normen und Rollenvorschriften souverän hinweg.

WAS MIR DER EINE NICHT GIBT, BEKOMME ICH VON EINEM ANDEREN

DER ANDRE MANN

Du lernst ihn in einer Gesellschaft kennen.
Er plaudert. Er ist zu dir nett.
Er kann dir alle Tenniscracks nennen.
Er sieht gut aus. Ohne Fett.
    Er tanzt ausgezeichnet. Du siehst ihn dir an...
    Dann tritt zu euch beiden dein Mann.

Und du vergleichst sie in deinem Gemüte.
Dein Mann kommt nicht gut dabei weg.
Wie er schon dasteht – du liebe Güte!
Und hinten am Hals der Speck!
    Und du denkst bei dir so: «Eigentlich...
    Der da wäre ein Mann für mich!»

Ach, gnädige Frau! Hör auf einen wahren
und guten alten Papa!
Hättst du den Neuen: in ein, zwei Jahren
ständest du ebenso da!
    Dann kennst du seine Nuancen beim Kosen;
    dann kennst du ihn in Unterhosen;
    dann wird er satt in deinem Besitze;
    dann kennst du alle seine Witze.
    Dann siehst du ihn in Freude und Zorn,
    von oben und unten, von hinten und vorn...
Glaub mir, wenn man uns näher kennt,
gibt sich das mit dem happy end.
Wir sind manchmal reizend, auf einer Feier...
und den Rest des Tages ganz wie Herr Meyer.
Beurteil uns nie nach den besten Stunden.

Und hast du einen Kerl gefunden,
mit dem man einigermaßen auskommen kann:
dann bleib bei dem eigenen Mann!

Kurt Tucholsky [1]

Ein gutgemeinter Rat, von einem, der weiß, wovon er spricht, weil er seine Geschlechtsgenossen nur allzugut kennt? Oder eher ein Appell an weibliche Bescheidenheit und Zurückhaltung? Die Frauen, um die es in dem folgenden Kapitel geht, scheinen jedenfalls Tucholskys Empfehlung zu befolgen. Wenn auch nicht ganz in seinem Sinn. Sie bleiben zwar – aus unterschiedlichen Gründen – bei ihrem Mann, aber sie schauen sich den anderen genau an. Besonders dann, wenn sie den Eindruck haben, daß der ihnen das geben könnte, was sie bei ihrem Mann schon lange vermissen oder von ihm noch nie bekommen haben. Die Defizite und Mängel in Ehen und Partnerschaften, die Frauen beschreiben, sind unterschiedlich und vielschichtig. Da ist die Rede von gleichgültigen, selbstgefälligen Männern, die die Frau an ihrer Seite mit dem gleichen Desinteresse betrachten wie ein altes Möbelstück und nie auf die Idee kämen, sich nach ihrem Befinden zu erkundigen; von ‹workaholics› und Sportfanatikern, die mit ihrem Beruf oder einem Verein, aber nicht mit ihrer Frau verheiratet sind; von emotionalen Analphabeten, denen Zärtlichkeit und liebevolle Worte unbekannter sind als ferne Planeten; von verwöhnten kleinen Jungen, die in der Lebenspartnerin die Mutter suchen und darauf bestehen, von ihr umsorgt, gehätschelt und gepflegt zu werden. Aber auch von Männern, die sich als Freund, Kumpel, Bruder oder Vater anbieten und alles mögliche sein wollen, nur nicht Sexualpartner einer erwachsenen Frau; von wieder anderen, die sich schwer damit tun, die Wünsche ihrer Partnerin nach Selbständigkeit und einem eigenständigen Leben außerhalb der Zweierbeziehung zu akzeptieren; und nicht zuletzt von kranken Männern, die auf die Hilfe und Unterstützung ihrer Frau angewiesen, aber schon lange nicht mehr ihr Liebespartner sind.

Viele meiner Gesprächspartnerinnen äußerten sich enttäuscht darüber, daß sie von dem Mann, mit dem sie leben, nicht genügend beachtet, geschätzt und als ebenbürtige Person wahrgenommen werden. Sie beklagen den spärlichen Austausch mit dem Lebenspartner, warten vergeblich auf Rückmeldungen und Bestätigungen, auf Anregungen, manchmal auch auf Kritik, und fühlen sich an der Seite ihres Mannes häufig einsamer, als wenn sie alleine leben würden. Das mangelnde Feedback des Lebensgefährten führte bei manchen Frauen dazu, daß sie sich zunehmend als uninteressant, unattraktiv und nicht mehr begehrenswert erlebten. Sie verließen sich nicht mehr auf ihre eigenen Fähigkeiten, trauten ihrem eigenen Urteil nicht mehr und schlitterten so immer stärker in eine Abhängigkeit von genau dem Menschen, der sie tagtäglich mit Desinteresse behandelte, sie bevormundete oder sich über ihre Bedürfnisse achtlos hinwegsetzte.

Einigen Frauen gelang es, durch die Liebesbeziehung mit einem anderen Mann ihr geschwächtes Selbstwertgefühl wieder zu stabilisieren und in ihrer Zweierbeziehung sicherer und entschlossener aufzutreten. Andere fanden durch die Außenbeziehung den Mut zur Scheidung, von der sie vorher jahrelang nur geträumt hatten. Wieder andere trennten sich nach einer Phase des Experimentierens von beiden Männern, um ungestört ihren eigenen Weg zu finden. Nicht wenige allerdings verteilen ihre Bedürfnisse auf zwei Männer und arrangieren sich auf unbestimmte Zeit mit dem (Ehe-)Mann auf der einen und dem Geliebten auf der anderen Seite. Dieses (zeitweilige) Arrangement mit zwei Partnern erschien mancher meiner Interviewpartnerinnen als «Bereicherung», anderen wiederum als «das kleinere Übel». Während die ersteren es vor allem genießen, sich in der Außenbeziehung neu zu entdecken, und bezweifeln, ob ein einziger Mann alle ihre emotionalen und sexuellen Träume erfüllen kann (man denke nur an Gaby, Beate und Anna aus dem vorigen Kapitel), scheinen die letzteren häufig eines vermeiden zu wollen: eine Entscheidung zu fällen, die sie mit ihren Ängsten konfrontiert. Mit der Angst vor Unabhängigkeit und Selbständigkeit, vor Trennung und Scheidung und den damit verbundenen etwaigen Einsamkeits- oder Schuldgefühlen. Viele dieser Frauen spüren, daß ihr Liebesverhältnis vor allem eine Entlastung bedeutet: von schwierigen, unglücklichen oder einfach nur langweiligen Lebensumständen, die sie (vorerst) nicht anders als durch eine Nebenbeziehung verändern können – oder wollen.

Die Frustrierte

Ein grauer Nebelschleier hängt über dem kleinen Städtchen. Es nieselt. Die Straßen mit den schmucken Fachwerkhäusern sind leer gefegt. Ein trüber Novembertag in der Zehntausend-Seelen-Gemeinde im Hessischen, in die es Barbara vor fast zwanzig Jahren verschlug. Wir treffen uns in einem kleinen Restaurant am Marktplatz, der mittags um zwölf ebenso ausgestorben wirkt wie die Gaststätte, in der außer uns beiden nur ein Ehepaar und zwei ältere Frauen sitzen. Barbara blickt immer wieder unruhig zu ihnen hinüber und fährt sich nervös mit der Hand durch die blonden Locken. Obwohl die anderen Gäste gar nicht in der Nähe, sondern ziemlich weit entfernt sitzen, erzählt sie mir ihre Geschichte im Flüsterton, so daß ich immer wieder nachfragen muß.

Bis Anfang der siebziger Jahre hatte Barbara in Kassel gelebt und dort als Bürokaufmann, wie es damals noch hieß, gearbeitet. Dann lernte sie Jochen kennen, der gerade sein Referendariat machte, zog in seine Wohngemeinschaft und nahm sich vor, auf dem Abendgymnasium das Abitur nachzuholen, um Englisch und Französisch zu studieren. Doch es kam anders als geplant. Gegen Ende von Jochens Referendariatszeit wurde Barbara schwanger. Sie vertagte ihre Pläne auf später, beschloß, das Kind zu bekommen, Jochen zu heiraten und mit ihm in das Kleinstädtchen zu ziehen, in dem man ihm eine Stelle an einer Realschule anbot. Gedacht war das Ganze für eine Übergangszeit von höchstens drei Jahren. Danach wollte sich Jochen um einen Posten in Kassel oder in Frankfurt bemühen, damit Barbara ihre Studienpläne verwirklichen konnte. Sagte er. Aber er fand tausenderlei Gründe, um sein Vorhaben immer wieder zu verschieben. Erst war es die mangelnde Berufspraxis, dann die Gewöhnung an seine Schule und den Kollegenkreis, in dem er sich ausgesprochen wohl fühlte. Später die schöne, preiswerte Wohnung am Ortsrand. Hinzu kamen die gesunde Luft, die waldreiche Umgebung und schließlich das zweite Kind, das geboren wurde, als das erste gerade in den Kindergarten ging. Für die nächsten Jahre hatte Barbara alle Hände voll zu tun, den Haushalt und die zwei kleinen Kinder zu versorgen. Ihre Studienpläne gerieten immer mehr in den Hintergrund und schließlich ganz und gar in Vergessenheit. Statt an ihrer eigenen bastelte sie nun mit Leidenschaft an der Zukunft ihrer Kinder, vor allem an der ihrer Tochter, der später einmal alle Wege offenstehen sollten. Aber als die Kinder größer und selbständiger wurden und nicht mehr ihre volle Aufmerksamkeit beanspruchten, wurde ein leises Unbehagen in ihr wach. Mit zunehmender Eigenständigkeit der Kinder wuchs ihre Enttäuschung über ein Leben, das sie sich völlig anders vorgestellt hatte. Sie fühlte sich jetzt für ein Studium zu alt. Der Traum vom Großstadtleben schien ihr ausgeträumt, und ihre Tage schienen in einem kleinen, verschlafenen Städtchen dahinzuplätschern. Neben dem Tennisclub und der örtlichen Volkshochschule gab es kaum Zerstreuungsmöglichkeiten. Ihre beste Freundin lebte in Kassel, und außer ihrer Tennispartnerin und den Nachbarinnen bestand ihr gesamter Bekanntenkreis aus den Kollegen ihres Mannes und deren Ehefrauen. Je älter Barbara wurde, desto stärker vermißte sie etwas *Eigenständiges* in ihrem Leben. Etwas, das nur mit ihr und nichts mit dem Rest der Familie zu tun hätte.

«Ich hätte einfach wahnsinnig gern wieder gearbeitet, und wenn es nur für ein paar Stunden am Tag gewesen wäre. Um unter Menschen zu kommen, und auch um endlich mal wieder eigenes Geld zu verdienen. Aber Jochen wehrte sich mit Händen und Füßen dagegen. Er hatte sich daran gewöhnt, daß ich allein den ganzen Haushalt schmiß, daß das Essen auf dem Tisch stand, wenn er und die Kinder aus der Schule kamen, kurz, daß er sich um nichts zu kümmern brauchte. Wahrscheinlich hatte er Angst davor, ein paar Bequemlichkeiten aufgeben zu müssen, aber das gab er natürlich nicht zu. Statt dessen versuchte er immer wieder, mich davon zu überzeugen, wie angenehm mein Leben doch sei. Ich hätte doch alles, was sich eine Frau nur wünschen könnte: einen Mann, der die Familie gut versorgt, eine schöne Wohnung, zwei Urlaubsreisen im Jahr, den Tennisplatz fast vor der Tür und vieles mehr...»

Daß Barbara sich um ihre *eigenen* Lebenspläne betrogen fühlte, ging ihrem Mann nicht in den Kopf; daß sie sich nach der Hausarbeit oft langweilte und diese Leere sich auch nicht mit Tennisspielen überwinden ließ; daß Talente, zum Beispiel ihre Begabung für Fremdsprachen, verkümmerten, weil sie höchstens mal im Sommerurlaub zur Geltung kamen; daß sie ein neugieriger und kontaktfreudiger Mensch war und ebensogern wie er einen Kollegenkreis und eine berufliche Aufgabe gehabt hätte. Barbara sprach ein paarmal ihren Mann darauf an, gab es aber schließlich auf, weil er für ihre Wünsche einfach kein Verständnis zeigte.

Auf meine Frage, warum sie nicht gegen den Willen ihres Mannes etwas durchsetzte, das ihr allem Anschein nach doch so wichtig war, reagiert sie ausweichend. Sie habe sich mit ihrem Mann nicht dauernd über ihre (wenig konkreten) Berufspläne streiten wollen und darüber hinaus «immer irgendwie gedacht, eines Tages würde sich schon noch etwas ergeben». So, als ob einem eine interessante Stelle von selbst zuflöge oder ein Mensch wie ihr Mann den Widerstand gegen die Berufstätigkeit seiner Frau von allein aufgeben und sich quasi über Nacht in einen anderen verwandeln könnte. Aus Barbaras Schilderungen gewann ich den Eindruck, daß sie sich zwar einerseits mehr Unabhängigkeit und Eigenständigkeit wünschte, andererseits aber noch größere Angst vor den damit verbundenen Auseinandersetzungen und Konflikten mit ihrem Mann hatte. Diese Angst schien sie zu lähmen und eher auf ein äußeres Ereignis hoffen zu lassen, das ihr Leben – ohne ihr eigenes Zutun – verändern könnte. Ein Ereignis, das auch tatsächlich eintrat. Vor zwei Jahren, als ihr Arzt sie wegen nervöser Magenbeschwerden und Schlafstörungen zur Kur schickte.

«Fritz fiel mir schon am ersten Tag beim Abendessen auf. Nicht weil er so toll aussähe, eigentlich ist mein Mann viel attraktiver. (Er ist sehr groß, schlank und hat schöne blaue Augen.) Fritz ist kleiner, hat so 'ne undefinierbare «Straßenköter-Haarfarbe» irgendwo zwischen Dunkelblond und Hellbraun, schon ein bißchen Glatze und graugrüne Augen. Vom Äußeren her also gar nicht unbedingt mein Typ. Aber eben vom gesamten Rest ... Er hat einen derart ansteckenden Humor, daß man meint, um ihn herum ist immer was los. Ich erinnere noch ganz genau, wie er an dem Abend, als ich ankam, mehrere lustige Geschichten erzählte und sämtliche Leute an seinem Tisch zum Lachen brachte. Ich hatte nicht den Eindruck, daß er eine Show abzog, um im Mittelpunkt zu stehen, sondern daß er wirklich von Natur aus ein ungeheuer lebenslustiger Mensch war. Und genau das faszinierte mich von Anfang an. Als ich dann ein paar Tage später das erste Mal mit ihm tanzte, war ich völlig hin und weg von seinem Charme, seiner Stimme, seinem Blick und vor allem von der Art, wie er tanzte. Und das, obwohl er schon stramm auf die Fünfzig zuging. Irgendwie hatte ich das Gefühl, daß sich in seiner Nähe etwas in mir weitete, so als hätte er eine Tür aufgestoßen, die seit vielen Jahren fest verschlossen war. Plötzlich kam meine ganze Lebensfreude wieder zum Vorschein, das junge Mädchen, das ich einmal war, das Spaß hatte am Tanzen, am Ausgehen, an Geselligkeit. Einmal erzählte Fritz, er habe kürzlich eine Wette mit Freunden verloren und deshalb an einem Samstagmorgen in verschiedenen Geschäften im Schlafanzug einkaufen gehen müssen. Ich hab mich halb totgelacht, als er beschrieb, wie die Leute auf der Straße stehenblieben und ihm nachguckten. Nie im Leben würde Jochen solch eine Wette abschließen oder irgend etwas derart Ausgefallenes tun. Etwas, womit er sich womöglich lächerlich machen und seinem guten Ruf schaden könnte. Daß Fritz da viel weniger konventionell ist, finde ich wunderbar, weil es mir hilft, auch mal über meinen eigenen Schatten zu springen und nicht dauernd daran zu denken, daß ich über vierzig bin, Mutter von zwei Kindern, Frau eines ordentlichen Beamten und weiß der Himmel was sonst noch. An dem Abend mit dieser Geschichte haben wir übrigens das erste Mal miteinander geschlafen. Ich kam mir vor wie eine Teenagerin, die sich mit ihrem Freund heimlich davonschleicht. Der Reiz des Verbotenen hat sicher auch eine Rolle gespielt, aber nicht die wichtigste. Ich fand's einfach toll, mit einem Mann zu schlafen, der auch im Bett seiner Lebensfreude freien Lauf läßt. Der sich nicht bremst, nicht kontrolliert, sondern sich ganz in seine Lust fallenläßt. Das reißt mich ungeheuer mit und öffnet mir ganz neue Sphären in der Sexualität...»

Offenbar vermißt Barbara bei ihrem Mann nicht nur die wohlwollende Einstellung gegenüber ihrer erträumten Halbtagsstelle, sondern einiges mehr. Nämlich genau die Eigenschaften, die sie an Fritz so faszinieren: sein Temperament und seinen Humor, seine ausgelassene Art und nicht zuletzt seine Lust auf Neues, auch mal etwas «Ausgefallenes» oder «Verbotenes» zu wagen. Die schwärmerische Beschreibung ihres Geliebten läßt Barbaras Sehnsucht nach abwechslungsreichen Aspekten des Lebens durchschimmern, die in ihrer Ehe und in ihrem gesamten Dasein offenbar zu kurz kommen. Das, was sie während des vierwöchigen Kuraufenthalts mit Fritz erlebte, brachte jenen Schuß Abwechslung in ihr Leben, auf den sie künftig nicht mehr verzichten wollte.

Als das Ende der Kur nahte, schmiedeten Barbara und Fritz Pläne für die Zukunft. Sie suchten nach Möglichkeiten, wie sie sich weiterhin ab und zu sehen könnten, ohne ihr Familienleben zu gefährden. Eine Trennung von ihren Lebenspartnern kam für keinen von beiden in Frage. Aber ebensowenig, von weiteren Begegnungen ganz und gar abzusehen. Eine Lösung bot Fritz' Beruf. Er arbeitete im Außenhandel einer großen Firma und hatte ungefähr alle acht Wochen in Kassel zu tun. Barbara würde etwas häufiger als bislang ihre Freundin besuchen, was zu Hause keinerlei Verdacht hervorriefe. Gesagt, getan, seit nunmehr genau zwei Jahren. Wie erlebt Barbara ihr Doppelleben als Hausfrau und Mutter auf der einen und als heimliche Geliebte auf der anderen Seite?

«Am erstaunlichsten finde ich immer noch, daß ich Jochen gegenüber keine Schuldgefühle habe, wenn ich Fritz so alle zwei Monate treffe. Vielleicht, weil ich ihm wirklich nichts wegnehme. Ich schlafe ja immer noch gern mit Jochen Er ist lieb und rücksichtsvoll im Bett, aber auch ziemlich phantasie- und anspruchslos. Im Grunde genommen eben genauso bescheiden wie sonst im Leben auch. Wenn alles seinen geregelten Gang geht, dann ist er zufrieden. Bloß keine Unruhe, nichts Unvorhergesehenes, keine spontanen Entscheidungen. Eigentlich ist er träge wie ein Elefant – und genauso treu und zuverlässig. Am liebsten verbringt er seine freie Zeit mit mir und den Kindern, die ja längst eigene Wege und in nicht allzu ferner Zukunft auch aus dem Haus ziehen werden. Ich war immer schon die Impulsivere, die Unternehmungslustigere, die mehr ausgehen, tanzen und überhaupt mehr unter die Leute wollte. Diese Seiten lebe ich jetzt mit Fritz. Das einzige, was mich daran stört, ist, daß ich Jochen belügen und meine Freundin als Alibi benutzen muß. Die weiß natürlich Bescheid und deckt mich, wenn ich mit Fritz zum Essen, zum Tanzen oder ins Theater gehe. Und sie hat meine Telefonnummer im Hotel – für alle Fälle. Eigentlich empfinde ich Fritz als ein Geschenk, das man mir zur rechten Zeit machte. Ich finde es toll, ab und zu einen netten, humorvollen Mann zu treffen, um den ich mir keinerlei Sorgen machen muß. Das ist, glaube ich, auch ganz wichtig an der ganzen Sache, daß ich mir um Fritz' Leben, um seinen Beruf, seine Gesundheit und seinen Seelenfrieden keine Gedanken machen muß; daß er, losgelöst von mir, sein Leben lebt. Und das übrigens alles andere als schlecht.»

Eine interessante Bemerkung, die darauf hinweist, wie sehr Barbara in ihrem Alltag um das Wohl ihres Mannes und ihrer Kinder besorgt sein muß; wiewenig sie sich offenbar dort, wo sich ihr Leben hauptsächlich abspielt, von äußeren Erwartungen, vielleicht auch von eigenen, inneren Idealvorstellungen einer «guten Ehefrau und Mutter» abgrenzen kann. Barbara scheint sich trotz ihrer Unabhängigkeitswünsche unbewußt doch über ihre Rolle als Ehefrau und Mutter zu definieren und es sich nicht zu gestatten, ihre eigenen Interessen gelegentlich über die ihrer Familie zu stellen. Angesichts ihrer Träume von einem eigenständigeren Leben, die sie aber nicht zu realisieren wagt, wirkt es verständlich, wenn sie ihr Verhältnis mit Fritz als eine Art «ausgleichender Gerechtigkeit» empfindet. Sie ist sich jedoch darüber im klaren, daß ihre Liebesaffäre nichts Grundsätzliches an ihrem Leben verändert hat. Eine Erkenntnis, die sie, allem Anschein nach, mit Fassung trägt.

«Es ist zwar nicht das, was ich eigentlich wollte, nämlich in einer größeren Stadt leben und einen Beruf ausüben, der mir Spaß macht. Aber dafür habe ich jetzt einen Liebhaber. Das ist nicht dasselbe, ich weiß. Aber es tut mir trotzdem gut. Ich freue mich jedesmal auf unsere Treffen und kann die zwei Tage mit ihm rundherum genießen, ohne mir ein schlechtes Gewissen zu machen. Warum sollte ich auch? Niemand leidet darunter. Mein Mann nicht, die Kinder nicht. Und mir geht's blendend dabei. Ein bißchen von meinem Elan ist sogar schon in meine Ehe zurückgeflossen. Zum einen ergreife ich jetzt öfter auch im Bett die Initiative, zum anderen hab ich durchgesetzt, daß Jochen einmal die Woche mit mir in den Tanzverein geht. Das war zwar nicht leicht, aber schließlich hat es doch geklappt, und jetzt findet er sogar selbst Gefallen daran. Man muß diesen Mann halt ständig schubsen, während Fritz so voller Ideen steckt, daß ich gar nichts zu machen brauche und mich einfach von ihm verwöhnen lassen kann. Das ist himmlisch. Zum Beispiel im Sommer, wenn er mit einem Picknick-Korb auftaucht und mit mir in den Wald fährt. Jedesmal, wenn wir uns dann unter freiem Himmel lieben, fühle ich mich unendlich jung, und dieses Gefühl möchte ich noch solange wie irgend möglich genießen. Irgendwann wird es ohnehin vorbei sein. Aber ich werde mich mit Sicherheit noch als Oma darüber freuen, daß ich zwar auf vieles, aber Gott sei Dank nicht auf *alles* verzichtet habe, was mir Spaß macht.»

Für Barbara scheinen die geheimen Treffen mit Fritz das einzige zu sein, was sie sich an eigenständigem Handeln außerhalb ihrer Familie zugestehen mag. Der Weg, den sie gewählt hat, bleibt zwiespältig, denn sie packt das Übel nicht gerade an der Wurzel. Sie stellt sich nicht auf ihre eigenen Füße und erkämpft sich die Unabhängigkeit von ihrem Mann, die sie sich seit Jahren nur in der Phantasie erlaubt. Ihr Arrangement mit dem Ehemann auf der einen und dem Liebhaber auf der anderen Seite bringt ihr allenfalls ein Stück Entlastung, aber nicht das Leben, von dem sie seit über zwanzig Jahren träumt. Um das zu verwirklichen, müßte sie, statt sich mit einem anderen Mann zu treffen, dem eigenen die Stirn bieten. Sie müßte sich, unabhängig davon, ob es ihm gefällt oder nicht, eine Arbeit suchen, vielleicht eine Umschulung in die Wege leiten und auf dem versprochenen Umzug in eine größere Stadt bestehen. Barbara weiß das, aber vor genau diesem Schritt schreckt sie nach wie vor zurück. Vielleicht hält sie es mittlerweile für zu spät; vielleicht braucht sie noch Zeit, um die Angst vor ihrer eigenen Selbständigkeit zu überwinden; vielleicht wird sie auch nie den

Mut finden, sich offen und direkt mit ihrem Mann auseinanderzusetzen. Ganz gewiß ist Barbara keine Kämpferinnennatur, sonst hätte sie längst ihre beruflichen Wünsche durchgesetzt, *bevor* ihr Fritz über den Weg lief. Aber mit ihrem Liebesverhältnis schuf sie sich immerhin eine Möglichkeit, ihr Dasein etwas abwechslungsreicher und reizvoller zu gestalten, als es vorher war. Und das, ohne sich von dem neuen Mann in ihrem Leben abhängig zu machen und um den Fortbestand der Außenbeziehung bangen zu müssen. So sehr sie die Begegnungen mit dem anderen genießt, so wenig gibt sie sich der Illusion hin, daß sie bis ans Ende ihrer Tage dauern werden. Sie verliert sich nicht in ihrer Affäre und legt ihr Schicksal nicht in die Hände ihres Liebhabers. So wie die meisten meiner Interviewpartnerinnen scheint sie in der Lage zu sein, ein Liebesverhältnis als das zu begreifen, was es in aller Regel auch ist: nämlich eine Verbindung über kurz oder lang, die sich auf einem *Neben*terrain abspielt. Die das Leben zwar eine Zeitlang verschönern kann, aber nicht zwangsläufig auch dazu geeignet ist, von Problemen zu befreien, die in der Hauptbeziehung bestehen und dort gelöst werden müssen.

Die Liebesaffäre also als eine Art Schonraum? Warum eigentlich nicht! Wenn die betreffende Frau nicht Gefahr läuft, von dem «anderen Mann» abhängig zu werden? Wenn sie bei aller Freude am Vergnügen einen klaren Kopf bewahrt und weder sich selbst noch anderen damit schadet? Wenn sie das Liebesverhältnis als erfrischend und bereichernd erlebt, als (vorübergehende) Entlastung von seelischem Druck, als Atempause, in der sie überlegen kann, ob, wie und wo sie ihr Leben verändern möchte? Oder einfach als «Geschenk» und als «ausgleichende Gerechtigkeit» für mancherlei Entbehrungen, wie Barbara sie erlebt? Ist nicht ausschlaggebend, ob sich eine Frau mit ihrer Nebenbeziehung einen guten oder einen schlechten Dienst erweist? Mit anderen Worten, ob sie nicht eine Zeitlang von dem «anderen Mann», vor dem uns Tucholsky so eindringlich warnte, in irgendeiner Weise profitieren kann (ohne daß dies wiederum auf dessen Kosten ginge)?

Vergnügen, Lust, Genuß oder gar Profit, das sind Begriffe, die sich immer noch schlecht mit «Weiblichkeit» vereinbaren lassen. Schließlich wurden Frauen jahrhundertelang angehalten, ausschließlich so «edle» Werte wie Liebe, Treue, Anpassung und Verzicht zu verkörpern. Neben den vielen alltäglichen Belastungen ständig auf die Rolle der «Guten» und «Tugendhaften» reduziert zu werden, das ist wenig vergnüglich und eine moralische Bürde, die längst nicht mehr alle Frauen zu tragen bereit sind. Eine begrüßenswerte Entwicklung. Schließlich kann das, wie bei Vera, eine Veränderung in Gang setzen, die dazu befähigt, sich endlich aus einer unglücklichen und zermürbenden Ehe zu befreien.

Für Vera sei die sechsjährige Beziehung mit ihrem Geliebten «das Schönste» gewesen, was ihr in ihrem ganzen Leben widerfahren sei. Als sie ihn kennenlernte, war sie 38, seit achtzehn Jahren verheiratet und Mutter von zwei Söhnen.

«Unsere Ehe war damals schon lange keine Ehe mehr, sondern ein völliges Nebeneinanderherleben. Wir haben kaum noch miteinander geredet, selten mal zusammen gegessen, und Sexualität fand nur noch mit Gewalt statt, das heißt, Jürgen hat sich einfach genommen, was er brauchte, ohne überhaupt auf mich zu achten. Und ich war zu schwach, um mich dagegen zu wehren und hab es willenlos über mich ergehen lassen. Es war, als ob man in einem Topf sitzt, und einer hält gewaltsam den Deckel drauf. So habe ich mich jahrelang gefühlt. Am schlimmsten wurde es in den Ferien, die wir immer in diesem engen Wohnwagen verbrachten. Da ging es mir total dreckig, weil wir ständig aufeinanderhockten und ich niemanden hatte, dem ich mal mein Herz ausschütten konnte.»

Erschreckend ist, wie lange Vera in einer unglücklichen und extrem belastenden Situation ausharrte, ohne sich dagegen aufzulehnen oder aktiv nach einem Ausweg zu suchen. Sie verbrachte nicht nur regelmäßig die Ferien in diesem Wohnwagen, vor dessen Anblick ihr «schon aus der Ferne graute», sie ertrug auch ebenso resigniert das eisige Schweigen ihres Mannes wie die sexuellen Begegnungen mit ihm, die ihr «zutiefst zuwider» waren. Der Grad ihrer Selbstachtung muß zu jener Zeit extrem gering gewesen sein, so daß sie sich mit einem Leben abfand, das an Freud- und Trostlosigkeit kaum überbietbar scheint und nur durch die gute Beziehung zu ihrem jüngsten Sohn etwas erleichtert wurde.

Als ihre beiden Söhne über sechzehn waren, beschloß Vera, die bis dahin für verschiedene Firmen Heim-Schreibarbeiten verrichtet hatte, wieder außer Haus zu arbeiten. Sie wollte unter Menschen kommen und einer Eheatmosphäre entfliehen, an der sie zu ersticken drohte. Nach mehreren Anläufen fand sie eine Dreißig-Stunden-Stelle als Sekretärin in einer kleinen Firma, die außer ihr noch aus drei weiteren Mitarbeitern bestand. Einer von ihnen wurde wenige Monate später ihre «ganz große Liebe».

«Anfangs fand ich Volker nur sehr nett und freundlich. Aber als er mir an meinem Geburtstag im März einen Strauß gelber Blumen auf den Schreibtisch legte und mich dabei mit seinen warmen braunen Augen anlächelte, da blieb mir die Luft weg. Ich wurde knallrot und bekam rasendes Herzklopfen, als er mir die Hand reichte, um zu gratulieren. Von diesem Tag an fühlte ich mich unsicher und nervös, wenn er in den Raum trat und um meinen Schreibtisch herumging, um sich eine Pfeife anzuzünden. Gleichzeitig wurde ich bald richtig süchtig nach seiner Gegenwart, nach unseren kurzen Gesprächen, seinen Blicken und sogar nach dem Tabakgeruch, den er verströmte. Im November faßte ich mir endlich ein Herz und bat ihn um ein Gespräch nach Dienstschluß. Als wir allein waren und ich ihm gerade meine Verliebtheit gestehen wollte, fielen wir uns auch schon in die Arme. So als ob die ganze Spannung, die sich monatelang zwischen uns aufgestaut hatte, erst mal rausmußte. Einige Wochen später haben wir das erste Mal miteinander geschlafen. Und das war wunderbar. Volker ist so einfühlsam und rücksichtsvoll gewesen, wie ich es in meinem ganzen Leben noch nie erlebt hatte. Ich wußte ja auch gar nicht, daß es so etwas gibt, weil

Jürgen mein erster und bis dahin einziger Mann gewesen war und ich die Sexualität mit ihm, abgesehen vom Anfang unserer Ehe, nie als sonderlich berauschend empfunden hatte. Jürgen ist einfach zu verschlossen – in jeder Hinsicht, nicht nur im Bett. Es ist leichter, eine Festung zu erobern, als ihn in Gesprächen oder gar mit Gefühlen zu erreichen. Jahrelang hab ich unter seinen ständigen Zurückweisungen und unter seinem Dichtmachen gelitten und immer wieder versucht, ihn zu Aussprachen zu bewegen, zu mehr Zärtlichkeit in unserer Beziehung. Aber das führte nur dazu, daß er sich noch mehr zurückzog, bis er schließlich kaum noch ein Wort mit mir redete.»

Meine Frage, ob sie nie eine Trennung von ihrem Mann erwogen habe, bevor sie Volker kennenlernte, beantwortet Vera mit Kopfschütteln. Sie zündet sich eine Zigarette an, atmet den Rauch tief ein und erklärt mir, daß sie damals überhaupt nicht dazu in der Lage gewesen wäre. Sie habe es sich zwar manchmal in der Phantasie ausgemalt, gleichzeitig aber darauf gehofft, ihre Ehe würde sich wieder bessern: wenn die Wohnung noch gemütlicher, das Essen noch besser und ihr Mann noch stärker von familiären Pflichten entlastet wäre.

Kurz: wenn er sich zu Hause noch wohler fühlen und deshalb ihr gegenüber zugänglicher werden könnte. Veras verzweifelte Bemühungen, ihren Mann zu erreichen, erinnern an das Verhalten von «Frauen, die zu sehr lieben»[2]. An ihre vergeblichen Anstrengungen, dem Lebenspartner zu gefallen und ihn zu ändern, um endlich seine Liebe und Aufmerksamkeit zu gewinnen; an ihr jahrelanges sinnloses Warten und Hoffen und an das hartnäckige Festhalten an der Überzeugung, schon morgen werde alles besser sein als heute.

In Veras Ehe zeigt sich darüber hinaus ein Problem, mit dem viele Paare zu kämpfen haben: das unterschiedliche Bedürfnis nach Nähe und Distanz. Während sich Frauen in der Regel mehr Zuwendung und Zärtlichkeit wünschen, ziehen sich Männer häufiger zurück und wehren sich vehement gegen etwas, das sie als permanente Anforderung, wenn nicht gar Zumutung empfinden. Ein Dilemma, das die französische Psychoanalytikerin Christiane Olivier auf die unterschiedlichen frühkindlichen Erfahrungen der Geschlechter zurückführt: auf das Übermaß an Aufmerksamkeit und Fürsorge, das kleine Jungen erfahren und als Umklammerung erleben. Und umgekehrt auf den Mangel an Zuwendung und Bestätigung, der in Mädchen ein tiefes Gefühl innerer Leere erzeugt. Diese Prägungen begleiten die Geschlechter dann ein Leben lang. «Die Furcht des Mannes, wieder eingeschlossen zu sein, und die Angst der Frau, nicht genügend geliebt-begehrt zu werden, das sind die in der Liebe allgegenwärtigen Konstanten.»[3] Die gegensätzlichen Bedürfnisse nach Nähe und Distanz äußern sich nicht in allen Paarbeziehungen mit solcher Schärfe wie bei Vera und Jürgen. Daß Vera die vielen Entbehrungen in ihrer Ehe so lange ertrug, ohne sich aus dem zerstörerischen Beziehungsmuster zu lösen, deutet auf etwas hin, das man in der Psychologie als «Wiederholungszwang» bezeichnet. Mit anderen Worten: auf einen Mangel an Liebe und Zuwendung, an den Vera seit ihrer Kindheit *gewöhnt war* und den sie nun um so hartnäckiger mit ihrem Mann ausgleichen wollte. Die Tragik des Wiederholungszwangs liegt aber gerade darin, daß das, was schon in der Kindheit nicht funktionierte, auch bei dem Beziehungspartner zum Scheitern verurteilt ist: der Versuch, durch Anpassung bis zur Selbstverleugnung die Liebe eines anderen Menschen zu gewinnen. Wenn Vera ihre Beziehung mit Volker als so «überwältigend» erlebte, dann sicher auch deshalb, weil sie Liebe zum erstenmal als ein *Geschenk* empfand, für das sie weder kämpfen, noch sich selbst verraten oder aufgeben mußte.

«Ich hab Zuwendung und Zärtlichkeit erst bei Volker kennengelernt. Es war etwas, nach dem ich mich zwar immer gesehnt hatte, von dem ich aber gar nicht wußte, wie es eigentlich sein könnte. In meinem Elternhaus herrschte eine ziemlich unterkühlte Stimmung. Es wurde wenig gesprochen, über Gefühle schon gar nicht, und an liebevolle Worte oder Zärtlichkeit und Körperkontakt kann ich mich überhaupt nicht erinnern. Weder mit meinem Vater noch mit meiner Mutter. Als ich das alles mit Volker dann auf einen Schlag erlebte, war ich nur noch selig. Mir ging's unbeschreiblich gut, weil ich zum erstenmal im Leben richtig satt geworden bin. Volker hat mir jeden Wunsch von den Augen abgelesen, meine tiefsten Bedürfnisse, gerade auch in der Liebe, erspürt, ohne daß ich irgend etwas sagen mußte. Aber wir konnten auch stundenlang einfach Arm in Arm zusammensitzen und miteinander reden. Das war für mich genauso kostbar wie der Sex. Zwischen uns stimmte einfach alles. Und lange Zeit störte es mich auch überhaupt nicht, daß unsere Zeit so knapp bemessen war, wenn wir uns nur zweimal die Woche allein trafen, immer dienstags und donnerstags zwischen sechs und acht. Im Winter in der Wohnung eines Freundes von Volker, im Sommer in dem kleinen Wald vor unserer Stadt. Ich hab es unbeschreiblich genossen, mich ihm gegenüber total öffnen und wirklich alles von mir mitteilen zu können. Ohne Angst vor Zurückweisung oder Verachtung, wie ich es bei meinem Mann erlebt hatte. Und umgekehrt ließ Volker mich auch an seinen Gefühlen teilhaben, er erzählte mir viel aus seinem Leben, aus seiner Ehe und auch, daß er sich moralisch verpflichtet fühle, für seine Familie zu sorgen und sie nicht im Stich zu lassen. Ich wäre zwar zur Trennung von Jürgen bereit gewesen, konnte aber, jedenfalls verstandesmäßig, akzeptieren, daß dieser Schritt für Volker nicht in Frage kam. Seine Frau war einige Jahre älter als er, hatte gesundheitliche Probleme und hätte selbst gar nicht berufstätig sein können. Irgendwie schien mir das alles einleuchtend, und ich versuchte eben, so gut es ging, mit meinem Doppelleben klarzukommen.»

Veras Leben mit zwei Männern funktionierte – jedenfalls einige Jahre lang. Von ihrem heimlichen Arrangement schienen zunächst alle Betroffenen zu profitieren. Die emotionale Zuwendung, die Vera bei ihrem Mann vermißte, holte sie sich von ihrem Geliebten. Ihr Mann fühlte sich offenbar (unbewußt) von dem Druck befreit, auf sie eingehen zu müssen und zeigte sich deshalb aufgeschlossener und in der Sexualität rücksichtsvoller als jemals zuvor. Vera blühte auf, erledigte mit Schwung ihre familiären und beruflichen Aufgaben und hatte das Gefühl, mit dem Ehemann auf der einen und dem Geliebten auf der anderen Seite das große Los gezogen zu haben. Bis sich eines Tages Überforderungssyndrome einstellten. Vera bekam Schlafstörungen, Kopfschmerzen und Kreislaufbeschwerden, sie merkte, «so konnte es nicht weitergehen».

«Ich wußte am Ende gar nicht mehr richtig, wo ich eigentlich zu Hause war. Dieser ständige Wechsel von dem einen zum anderen, die dauernden Lügereien wegen angeblicher Überstunden, all das fing an, mich enorm zu belasten. Außerdem ärgerte es mich manchmal geradezu, daß mein Mann so gar nichts von meiner heimlichen Beziehung merkte. Daß er nie einen Verdacht äußerte, wenn ich spät nach Hause kam. Es gab Momente, in denen ich mich wie in einer Falle fühlte, wenn ich spürte, daß mein Mann sich nicht wirklich verändert hatte und das Verhältnis mit Volker immer ein heimliches bleiben würde. Dann wieder wünschte ich mir, mit meinem Mann wegzuziehen und woanders noch einmal ganz von vorn anzufangen. Aber jedesmal, wenn ich mit ihm darüber sprechen wollte, machte er dicht, so wie immer, wenn ich ihn gefühlsmäßig forderte. Als ich dann eines Tages den Druck nicht mehr aushielt und ihn anflehte, mit mir über unsere Ehe zu reden, gab er mir eine Ohrfeige mitten ins Gesicht. Und als ich danach immer noch um eine Aussprache bettelte, schlug er mich zusammen, bis ich im ganzen Gesicht blutete. Volker versuchte am nächsten Tag, mich zu trösten, aber viel mehr konnte er auch nicht für mich tun.»

Die Schläge ihres Mannes und die sich in tröstenden Worten erschöpfende Unterstützung ihres Geliebten führten Vera die Ausweglosigkeit ihrer Situation vor Augen. Schmerzlich wurde ihr bewußt, daß keine ihrer beiden Beziehungen langfristig eine wirkliche Perspektive bot. In ihrer

Not flüchtete sie in den Alkohol. Anfangs trank sie abends zwei, drei Gläser Bier, schließlich griff sie zu Cognac und Schnaps, um überhaupt einschlafen zu können und nicht die halbe Nacht mit quälenden Gedanken über ihre Zukunft zu verbringen. Erst als sie wegen eines Kreislaufkollapses im Krankenhaus lag, faßte sie den Entschluß, ihr Leben radikal zu ändern. Sie wechselte den Arbeitsplatz, trennte sich von beiden Männern und suchte Unterstützung in einer Frauen-Selbsthilfe-Gruppe, um den Verlust des Ehemannes und des Geliebten zu bewältigen und Mut für ein eigenständiges Leben zu entwickeln. Rückblickend meint sie:

«Es war gut, daß ich mir endlich ein eigenes Zuhause schuf und damit einer Atmosphäre entkam, in der ich mit Sicherheit ernsthaft krank geworden wäre. Mit Jürgen verbindet mich heute eine Art Freundschaft. Seit klar ist, daß ich nichts mehr von ihm will, zeigt er sich nur noch von seiner besten Seite. Er ist freundlich und hilfsbereit, immer da, wenn ich ihn mal brauche und so ungefähr zu allem bereit – bloß nicht zu Gesprächen über die Vergangenheit. Aber das hab ich längst aufgegeben und will es heute von mir aus auch gar nicht mehr. Ich hab endlich kapiert, daß ich ihn nicht ändern kann und er sich wahrscheinlich auch nie ändern wird. Volker ist nach wie vor die «große Liebe» meines Lebens. Mit ihm hab ich so viel Schönes erlebt, daß ich immer noch davon zehre. Wir sehen uns nur noch ganz selten, aber als er vor einiger Zeit mal zu mir sagte, du weißt, ich würde dich auf der Stelle heiraten , wenn ich frei wäre, da ging es mir unwahrscheinlich gut hinterher. Das mag verrückt klingen, aber es ist so. Ich habe längst keine Hoffnung mehr auf ein gemeinsames Leben mit ihm. Alles was ich mir wünsche ist, noch einmal einem ähnlichen Mann wie ihm zu begegnen. Durch Volker hab ich erfahren, wie schön die Liebe ist und wie leer und kalt das Leben war, das ich vorher führte.»

Vera mußte Volker kennenlernen, um in letzter Konsequenz zu erfahren, was sich in ihrer Ehe nicht verwirklichen ließ. Die Erfahrungen mit Volker bestätigten ihr letztlich nur, worunter sie immer gelitten hatte: die Kälte und Unzugänglichkeit ihres Mannes. Ihre Geschichte ist beispielhaft für zahllose Frauen, die sich tagtäglich, jahrein und jahraus, ebenso verbissen wie erfolglos darum bemühen, ihre Lebenspartner gefühlsmäßig zu erreichen. Sie fegen Bedenken und Warnungen aus dem Freundeskreis vom Tisch und jagen mit allen nur denkbaren Mitteln der Aufmerksamkeit und Zuwendung eines bestimmten Mannes hinterher. Sie stellen ihre eigenen Wünsche zurück, verleugnen ihre tiefsten Bedürfnisse und kämpfen, noch um den Preis der Selbstaufgabe, um das Gefühl, das sich doch am allerwenigsten erzwingen läßt, um Liebe. Sie lassen sich immer wieder zurückweisen, nehmen Verletzungen und Demütigungen in Kauf, bis sie schließlich krank und depressiv werden und ihre aussichtslosen Liebesbeziehungen nur noch durch «Schlucken & Schweigen»[4] ertragen können. Manche von ihnen retten sich in eine Außenbeziehung, bevor Krankheit und Resignation, der völlige Verlust des Selbstwertgefühls oder gar Suizid drohen. Erinnern wir uns an die Zahlen aus dem letzten Hite-Report: Siebzig (!) Prozent der Frauen, die länger als fünf Jahre verheiratet sind, haben außerehelichen Geschlechtsverkehr, *obwohl* sie sich allesamt für Monogamie aussprechen. Die Mehrheit von ihnen beklagt die große Entfremdung in ihrer Ehe und gibt an, sich von ihrem Mann allein gelassen und emotional vernachlässigt zu fühlen.[5] Das alte Lied – von der weiblichen Liebessehnsucht, die ins Leere läuft und am Panzer der Männer, die «lieben lassen»[6], abprallt. Was also tun? Mit ihm die Auseinandersetzung suchen und ihn auf sein kränkendes und demütigendes Verhalten aufmerksam machen? Die eigenen Wünsche klar zum Ausdruck bringen und darauf bestehen, daß er endlich seinen emotionalen Analphabetismus überwindet? Die Trennung in die Wege leiten, wenn er sich weigert, die Herausforderung anzunehmen? Vermutlich wäre das am besten. Nur ist das oft viel leichter gesagt als getan. Sich aus einer langjährigen Bindung, die in den seltensten Fällen *ausschließlich* aus

Frustrationen besteht, zu lösen, das fällt zahlreichen Frauen alles andere als leicht. In solch einer ausweglos anmutenden Beziehungssituation kann eine Liebesaffäre mit einem anderen Mann ein heilsames Mittel im Kampf um das eigene psychische Überleben sein. Ein Mittel zur Stärkung des Selbstwertgefühls und der Selbstachtung. «Die Liebe zu sich selbst, die Eigenliebe, verlangt dann nach Rettungsmaßnahmen, so daß die Seitenbeziehung häufig als einziger Ausweg erscheint», stellt der Paartherapeut Michael Cöllen fest. «Und ich wage zu behaupten, daß dies, nicht nur statistisch gesehen, ein entscheidend wichtiger Ausweg ist. Wir haben jetzt schon mehr Tote aus Liebeskummer denn Verkehrstote. Nicht mitgezählt die vielen getarnten Selbstmorde, die vielen psychosomatischen Erkrankungen und die vielen Alkoholtoten, die zum großen Teil ebenfalls aus Liebeskummer zur Flasche gegriffen haben.»[7]

Der Geliebte also doch als Retter der eigenen Seele? Das wohl nicht! Aber als Möglichkeit, sich zurückzulehnen und durchzuatmen, sich eine Verschnaufpause zu gönnen und nicht zuletzt, Vergleiche zu ziehen. Selbst wenn die, so wie bei Vera, zu der schmerzlichen Einsicht führen, daß ihre Ehe und ihr gesamtes bisheriges Leben «kalt und leer» waren. Wenn Frauen mit einem anderen Mann, vielleicht zum erstenmal, authentische, ihrem Wesen entsprechende Liebesgefühle erleben, dann mag diese Erfahrung die Loslösung vom Lebenspartner, die sie vielleicht schon lange vor sich herschieben, beschleunigen. Der längst überfällige Trennungsprozeß kann möglicherweise leichter in die Wege geleitet werden, wenn Frauen *konkret* erlebt haben, was in der Liebe möglich ist und worauf sie jahre- oder gar jahrzehntelang verzichtet haben. Der Paartherapeut Hans Jellouschek meint dazu: «Ich erlebe sehr oft, daß in einer Außenbeziehung plötzlich eine tiefere Möglichkeit des Menschseins, eine tiefere Möglichkeit von Liebe und Hingabe erlebt wird, wie sie vielleicht noch nie oder schon lange nicht mehr erlebt worden ist. Die Menschen werden plötzlich aus ihrem Alltag herausgerissen und entdecken Fähigkeiten, an die sie nicht geglaubt haben... Vielleicht liegt der Sinn in diesem Momenthaften, sich auf den Weg dorthin zu begeben. Es leuchtet also ein Stück Hoffnung auf, daß doch mehr möglich sein könnte, als man bislang in seinem Leben für möglich gehalten hätte.»[8]

Wenn das Liebesverhältnis mit einem anderen Mann neue, bis dahin ungeahnte und nun um so mehr vermißte Lebensmöglichkeiten aufzeigt, dann dürfte es besonders schwer sein, die alte Partnerschaft zu retten. Selbst dann, wenn der (Ehe-) Mann duch eine mögliche Trennung wachgerüttelt wird und beginnt, sich ernsthaft mit der Beziehung zu seiner Frau auseinanderzusetzen. Daß es solche Männer gibt, zeigen die Äußerungen von Horst-Eberhard Richter. Der Psychoanalytiker beobachtet in seinen Paartherapien schon seit einigen Jahren, daß Männer zunehmend Ängste entwickeln, ihre Partnerin könnte ihnen davonlaufen. «Die Frauen sind enttäuscht, wenn sie von den Männern auch innerlich zu wenig bekommen. Wenn da zu wenig Austausch ist, wenn die Männer zu sehr verdrängen oder nicht mit ihnen reden. Und es gibt heute immer mehr Frauen, die das Gefühl haben, so hab ich mir das nicht vorgestellt. Wenn ich mit einem Partner zusammenlebe, dann muß der auch Zeit für mich haben, der muß mir auch zuhören, der muß mich ernst nehmen, muß sich auch öffnen, sonst bringt mir die Beziehung zu wenig. Und so kommen immer öfter Paare, bei denen der *Mann* befürchtet, daß die Frau enttäuscht ist und ihn aus dieser Enttäuschung heraus auch verlassen wird.»[9]

Aber auch der gemeinsame Entschluß, in einer Paarberatung Hilfe zu suchen, ist natürlich keine Garantie dafür, daß sich die feste Beziehung positiv verändert. Vielleicht weil nur einer von beiden zu einer echten Auseinandersetzung bereit ist; vielleicht weil die (wechselseitigen) Verletzungen und Enttäuschungen zu tief sitzen und kein Weg mehr aus der inneren Emigration herauszuführen vermag; vielleicht aber auch, weil manche Frauen, so wie Marlies, unter keinen Umständen mehr bereit sind, auf die Liebeserfahrungen zu verzichten, die sie mit einem anderen gemacht haben.

Marlies lernte ihren Mann vor zwölf Jahren in einem Lokal in Frankfurt kennen. Sie war damals gerade dreißig, hatte ein Studium hinter sich, lebte seit zehn Jahren allein und arbeitete in einem kleinen Städtchen in Rheinland-Pfalz als Bibliothekarin. Nach einer Reihe «guter und weniger guter Erfahrungen mit Männern» fühlte sie sich reif für eine dauerhafte Beziehung. Der Mann ihrer Wahl war etwas älter als sie und von Beruf kaufmännischer Angestellter. Marlies gefiel seine liebevolle, zärtliche Art und die väterlich wirkende Fürsorglichkeit, mit der er sie, «das Mädchen vom Lande», in den Dschungel des Großstadtlebens einführte. Beide schienen füreinander wie geschaffen. Marlies, die sowohl in ihrem Elternhaus als auch in den meisten ihrer Männerbeziehungen Wärme und Geborgenheit vermißt hatte. Und Wolf, der ebenfalls aus einem strengen Elternhaus kam und nach einer gescheiterten Ehe endlich eine Familie gründen, «sich ein Nest bauen» wollte. Sie heirateten und schienen in den ersten zwei, drei Jahren gut miteinander auszukommen, bis sie von Schicksalsschlägen heimgesucht wurden, die sie allein nicht bewältigen konnten. Marlies wurde zweimal schwanger. Beide Kinder starben während der Entbindung, durch ärztliche Kunstfehler, wie sich später herausstellte.

«Für meinen Mann, der sich so sehr eine Familie gewünscht hatte, war das ein ungeheurer Schlag. Es setzte ihm derart zu, daß er überhaupt keinen Weg fand, damit umzugehen, geschweige denn damit fertig zu werden. Er litt entsetzlich vor sich hin, und ich, die ich ja schließlich selber die Kinder verloren hatte, kam gar nicht dazu, den Verlust zu betrauern, weil ich mich rund um die Uhr damit beschäftigte, ihn zu trösten, auf ihn einzureden, ihn aufzumuntern und ihm die beste und liebenswerteste Ehefrau zu sein, damit er nicht völlig depressiv wurde. Ich hab mich damals wahnsinnig allein und überfordert gefühlt. Und mir fiel auch mehr und mehr auf, wie sehr wir die Rollen, die wir anfangs einnahmen, getauscht hatten. Wolf schien mir nicht mehr der große Beschützer und Mann von Welt zu sein, als den ich ihn kennengelernt hatte, sondern eigentlich ein kleiner Junge, der ständig von mir umsorgt und bemuttert werden wollte. Abends im Bett mußte ich den Arm um ihn legen, damit er sich bei mir einkuscheln und in dieser Haltung einschlafen konnte. Und wenn ich ab und zu Freunde in Mainz besuchte und übers Wochenende wegblieb, dann betrank er sich jedesmal und klagte, «du läßt mich schon wieder allein». Ganz unmerklich war ich Mutter geworden, aber nicht so, wie ich es mir vorgestellt hatte, sondern Mutter eines erwachsenen Mannes.»

Die Beziehung zwischen Marlies und ihrem Mann erinnert an das Märchen vom «Froschkönig» [10]. Dort treffen zwei bedürftige Kinder aufeinander, die mehr auf der Suche sind nach starken Elternfiguren als nach erwachsenen Liebespartnern und gegenseitige Hilfe und Unterstützung mit Liebe verwechseln. Ein Beziehungsmuster, das unzähligen Ehen und Partnerschaften zugrunde liegen dürfte. «Ich werde dich von deiner Traurigkeit, deiner Depression, deiner Hilflosigkeit, deiner Angst und deiner Unselbständigkeit befreien», verspricht der Frosch-Mann der Prinzessin-Frau. Und die soll ihn dafür von seinem Frosch-Sein erlösen und zu einem Mann machen, einem aktiven, erfolgreichen und strahlenden Helden an ihrer Seite. Natürlich kann dieser Handel nicht gutgehen, weil da zwei Erwachsene voneinander die Befriedigung ihrer kindlichen Bedürfnisse erwarten und die Liebe zum Partner von der Erfüllung ihrer Wünsche abhängig machen. So als ob Liebe sich versprechen, garantieren oder gar einhandeln und erpressen ließe. Dennoch, diese unglückselige Verquickung von Liebe und Bedürfnisbefriedigung ist weit verbreitet. «Ich schenke dir Geborgenheit und Sicherheit, und du schuldest mir Liebe und Fürsorge.» Oder: «Ich sorge für deinen Lebensunterhalt, du für mein leibliches und seelisches Wohl.» Der Wortlaut des (ungeschriebenen) Beziehungsvertrags läßt sich beliebig verändern. Was bleibt ist die Tatsache, daß Liebe und Zuwendung an die Erfüllung von Bedingungen geknüpft werden. «Ich erschrecke immer wieder darüber, wie schlimm Männer und Frauen, die in dieser Prinzessin-Frosch-Dynamik gefangen sind, miteinander umgehen», schreibt Hans Jellouschek. «Oft sind sie, für sich genommen, warmherzige Menschen, die mir sympathisch sind, ja, die ich ausgesprochen mag. Wenn sie zusammen sind, sind sie wie besessen, werten sich ab, verletzen sich, traktieren sich mit sinnloser Wut, werden unersättlich und manipulativ wie der Frosch oder hart, abweisend und verächtlich wie die Königstochter. Verständlich wird dieses Verhalten erst, wenn man begreift, daß sich darin der verzweifelte Kampf ausdrückt um die bedingungslose mütterlich-väterliche Annahme, der Kampf um die Freigabe zum eigenen Mann-Sein oder Frau-Sein ...»[11] Nicht selten führen diese aussichtslosen Gefechte in eine Art Stellungskrieg, den keiner der Beteiligten ohne Hilfe von außen aufgeben kann. Auch Marlies und Wolf zogen sich immer mehr voneinander zurück. Wolf flüchtete zunehmend in den Alkohol, Marlies in die sexuelle Verweigerung.

«Die Sexualität mit meinem Mann machte mir einfach keinen Spaß mehr. Ich fühlte mich ja gar nicht als Frau erkannt – kam mir eher vor wie eine Mutter, die ihren Sohn im Arm hält. Außerdem war Wolf von Anfang an ziemlich prüde. Ich hab zwar viel Zärtlichkeit mit ihm erlebt, aber so ein totales Sichgehenlassen wie später mit meinem Freund, das wäre mit Wolf undenkbar gewesen. Bei ihm konnte ich nie ganz frei sein, weil da immer so was Moralisches rüberkam. Ich hatte Angst, er könnte denken, mein Gott, ist das 'ne geile Tante, das ist ja gräßlich. Und das wollte ich nicht. Zumindest im Bett sollte er weiter das Gefühl haben, daß er die Oberhand hat. Es gab schon genug Krach, weil er mir jedesmal, wenn ich mit ihm über ein Buch, eine Fernsehsendung oder ein politisches Problem reden wollte, vorwarf, ich hätte einen Intelligenztick und würde zuviel denken. Wenn ich so hart arbeiten müßte wie er – meine Halbtagsstelle in einer

Bibliothek betrachtete er mehr als Zeitvertreib –, dann verginge diese ständige Lust am Diskutieren ganz von selbst.»

Wenn Marlies' Mann ihr immer häufiger «geistige Spinnereien» vorwarf, dann vermutlich weil er spürte, wie sehr seine Überlegenheit und Souveränität schwand. Das «kleine Mädchen vom Lande» hatte sich weiterentwickelt, wurde selbstbewußter, wuchs ihm vor allem mit ihren intellektuellen Interessen über den Kopf. Bezeichnend ist aber auch Marlies' Reaktion auf die zunehmende Unsicherheit ihres Mannes. Sie weiß, daß sie aufgrund ihres Studiums und ihrer Arbeit einen Wissensvorsprung hat, daß sie gebildeter ist als er und will ihn deshalb «nicht auch noch im Bett überfordern». Zumindest in der Sexualität soll er Herr der Lage bleiben und sich in der Illusion wiegen dürfen, «ein erfahrener und guter Liebhaber zu sein». Daß Marlies ihre eigenen Wünsche unterdrückte, führte jedoch dazu, daß sie überhaupt keine Lust mehr verspürte und die Sexualität mit ihrem Mann nur noch «aus reinem Pflichtgefühl» über sich ergehen ließ. Die Abneigung, die sie dabei empfand, kommt in ihrer Sprache deutlich zum Ausdruck.

«Meistens kam er und wollte was von mir, wenn er getrunken hatte, und davor hab ich mich fürchterlich geekelt. Aber ich brachte es einfach nicht fertig, ihn jedesmal abzuweisen. Statt dessen hab ich ihm etwas vorgemacht und es so hingekriegt, daß er schnell fertig wurde und ich wieder meine Ruhe hatte. Aber es war widerlich, nur aus einem Muß heraus mit ihm zu schlafen. Innerlich wuchs mein Groll gegen ihn, weil ich mich zum Sex verpflichtet fühlte, ohne den geringsten Spaß daran zu haben.»

Am Beispiel von Marlies wird deutlich, wie sehr Frauen immer wieder bereit sind, sich zurückzunehmen, wenn sie Angst und Verunsicherung bei ihrem Partner wahrnehmen. Bloß nicht über ihn hinauswachsen und ihm im Bett die Führung überlassen, solche «Gebote» aus längst vergangenen Zeiten scheinen immer noch wirksam zu sein. So wie Marlies «schützen» zahllose Frauen ihren Mann vor ihren eigenen sexuellen Bedürfnissen und Sehnsüchten genauso wie vor ihrer Lust an Gesprächen und am Gedankenaustausch. Damit verleugnen sie nicht nur ihre eigenen Neigungen und Impulse, sondern letztendlich ihre Person insgesamt. Daß dieser Kampf gegen das eigene Selbst nicht ohne Verletzungen vonstatten gehen kann, liegt auf der Hand. Die Folgen reichen von Lustlosigkeit und Frustrationsgefühlen über Depressionen bis hin zu schweren organischen Erkrankungen. Bei Marlies führte die ständige Anpassung an die Wünsche ihres Mannes auf direktem Wege zu dem Phänomen, das Mediziner und Psychiater «Frigidität» nennen. Weniger pathologisch ausgedrückt heißt das, sie hatte ihr Verlangen und ihre sexuelle Erlebnisfähigkeit – in bezug auf ihren Mann (!) – verloren. Was nicht weiter verwundert – bei diesem «Pflichtprogramm der Selbstverleugnung», zu dem sie sich gezwungen hatte. «Lustlosigkeit ist ... eine folgerichtige und gesunde Reaktion der Frau auf die Lebenssituation im Patriarchat. Steht sie jedoch zu ihrer sexuellen Unlust, wird sie nach männlichem Maß als frigide und krank definiert. Das Konzept der Frigidität, orientiert an den männlichen Werten unserer Kultur, stützt den Männlichkeitswahn im Patriarchat»[12], meint die Psychotherapeutin Sigrid Steinbrecher. Auch Marlies' Mann fegte ihren Wunsch nach Aussprachen mit der Bemerkung vom Tisch, seine Frau sei eben «frigide». Daß ihre sexuelle Unlust Ausdruck von Beziehungsproblemen sein und folglich auch etwas mit ihm zu tun haben könnte, ließ er nicht gelten.

«Ich bin dann in meiner Verzweiflung tatsächlich zum Frauenarzt gerannt, weil ich dachte, ich sei vielleicht verfrüht in den Wechseljahren. Aber der meinte, das Ganze sei kein organisches, sondern vielmehr ein Partnerschaftsproblem und mit einem anderen Mann würde ich möglicherweise auch wieder etwas empfinden. Danach fühlte ich mich erst mal erleichtert. Wenn man dauernd zu hören kriegt, man sei frigide, glaubt man's am Ende selber schon. In der Zeit fing ich übrigens an, mich selbst zu befriedigen. Ich wußte ja, was mir guttat und konnte mich so zumindest ein bißchen entspannen und wohler fühlen. Außerdem gab ich es auf, mich mit meinem Mann über politische oder psychologische Themen austauschen zu wollen. Das führte ständig zu Streit und brachte doch nichts. Ich bin dann verstärkt nach außen gegangen, hab alte Freundschaften wieder aktiviert, neue aufgebaut und mich vor vier Jahren einem Umweltschutzverein angeschlossen.»

Dort begegnete Marlies ihrem späteren Geliebten, einem Rechtsanwalt, der den Verein gelegentlich juristisch beriet.

«Ich hab mich gleich bei der allerersten Begegnung verliebt, es aber nicht gezeigt, weil ich ja keine Ahnung hatte, wie es bei ihm aussah. Außerdem schien mir die ganze Angelegenheit zunächst drei Nummern zu groß für mich. Thomas ist ein ziemlich attraktiver Mann, groß, stattlich, dunkelhaarig mit auffallend blauen Augen. Und er ist sehr selbstsicher in seinem Auftreten, weiß genau, was er will und geht es zielstrebig und direkt an. Außerdem wußte ich, daß er verheiratet war. Lauter Gründe, so dachte ich mir, die Finger von ihm zu lassen. Denn wer war ich denn schon? Keine Intellektuelle, unscheinbar, nicht gewandt, ein großes Selbstbewußtsein hatte ich auch nicht und folglich außer Verliebtsein nichts zu bieten.»

Während Marlies den Geliebten in den leuchtendsten Farben schildert (und mir als «Beweis» ein Foto reicht, auf dem mir tatsächlich ein ausgesprochen gutaussehender Mann entgegenlacht), frage ich mich, warum sie eine derartige Diskrepanz zwischen ihm und sich selbst aufbaut. So als sei sie seinerzeit wie ein Aschenputtel dem strahlenden Helden ins – offenbar getrübte – Auge gefallen. In der Realität ist Marlies alles andere als unattraktiv, gehemmt, linkisch oder gar dumm. Aber sie macht – wie unzählige andere Frauen – einen gravierenden Fehler: Sie orientiert ihre Selbsteinschätzung an der ihres Mannes. Und der hatte in ihr stets nur die «Kleine vom Lande» gesehen, sein «liebes, kleines Mäuschen, das nichts konnte, nichts hatte und nichts war». Warum Frauen immer wieder Ansichten und Meinungen ihrer (Ehe-)Männer übernehmen, anstatt ihrer eigenen Wahrnehmung, Einschätzung und – sagen wir es ruhig – ihrem gesunden Menschenverstand zu folgen, das ist längst in vielen Publikationen beschrieben worden. Der Hauptgrund dürfte darin liegen, daß kleine Mädchen schon in der frühen Kindheit die magische Formel «Anerkennung durch Anpassung»[13] lernen und verinnerlichen, daß Identifikation wichtiger für sie ist als Identität.[14] Die damit verbundene Selbstverleugnung kommt später dem Wunsch vieler Männer nach schwachen, einsichtigen und überangepaßten Frauen entgegen, die sie wiederum zur Wahrung ihrer persönlichen Überlegenheitsgefühle brauchen. So gelang es auch Marlies' Mann lange Zeit, seine Frau von Dingen fernzuhalten, die ihr am Herzen lagen. Von mehreren Fortbildungsmaßnahmen zum Beispiel. Oder von einem Gerichtsverfahren gegen ihren Arzt, als sich herausstellte, sie hatte ihre beiden Kinder durch dessen Verschulden verloren. Oder vom Autofahren. Obwohl sie seit langem den Führerschein besaß, traute ihr Mann ihr nicht zu, daß sie den gemeinsamen Wagen bis vor die Tore der Stadt lenken könnte, ohne ihn anschließend verschrotten zu müssen. Kein Wunder also, wenn Marlies sich gegenüber dem Rechtsanwalt mit dem «weltmännischen» Auftreten «klein und unbedeutend» vorkam. Trotzdem wagte sie nach langem Zögern den ersten Schritt.

«Ich war mittlerweile im Vorstand des Vereins und lud ihn eines Tages als Referenten zu einer Informationsveranstaltung in einer anderen Stadt ein. Während seines Vortrags fing ich einige Blicke von ihm auf, die mir Mut machten. Ich wollte wissen, was diese Blicke zu bedeuten hatten und bin einfach abends in sein Hotelzimmer gegangen, hab mich auf sein Bett gesetzt, die Beine angezogen und die Schuhe fallen lassen. So etwas hatte ich in meinem ganzen Leben noch nicht getan. Mir war regelrecht schlecht vor Angst, ich bekam Magenschmerzen, Herzrasen, Schwindelgefühle – aber das nahm ich in Kauf. Ich hatte mich dermaßen in diesen Mann verliebt und mußte jetzt einfach wissen, wo ich dran war. Was ich dann mit ihm erlebte, war phantastisch. Thomas hat mich – im wahrsten Sinne des Wortes – genommen. So wie ich es bei meinem Mann noch nie erlebt hatte: aktiv, bestimmt, fordernd, und ohne mich dabei zu übergehen. Ich hatte von Anfang an ganz starkes Vertrauen zu ihm und konnte mich ihm ohne jede Hemmung überlassen. Das Gefühl, im Bett endlich einem Mann zu begegnen und nicht einem kleinen Jungen, den ich halten und bemuttern mußte, das war unbeschreiblich. In den letzten Jahren ist unsere Sexualität noch intensiver geworden. Ohne großes Getue und Gemache, ohne Liebesschwüre und langes Geschmuse. Aber mit einer ungeheuer starken Lust, mit einer Leidenschaft und Ekstase, die ich vorher gar nicht an mir kannte.»

Marlies glaubt, das Verlangen nach Thomas lebe auch von den langen Trennungsphasen zwischen ihren Begegnungen. Das sei ein Grund, weshalb sie nicht ihr Leben mit ihm teilen, sondern ihn lieber «weiter als Liebhaber genießen möchte». Sie treffen sich alle vier bis sechs Wochen für zwei Tage in einem Hotel außerhalb von Frankfurt. Ab und zu verbringen sie auch einen Kurzurlaub zusammen, der aber «sehr sorgfältig geplant und organisiert werden muß», da Thomas' Familie nichts merken darf.

«Wir hatten nie die Absicht, uns ganz zusammenzutun. Aber wir ziehen aus unseren Begegnungen viel Kraft für unseren Alltag. Jedesmal wenn ich von einem Wochenende mit Thomas zurückkomme, könnte ich Berge versetzen. Bei unseren Treffen geht es ja nicht nur um Sex. Mit Thomas kann ich mich stundenlang, beim Essen oder beim Spazierengehen, über alle möglichen Themen unterhalten, ohne daß einer sich dem anderen über- oder unterlegen vorkäme. Er ist nicht nur ein fabelhafter Liebhaber, sondern auch ein prima Gesprächspartner. Einer, der zuhört, nachfragt und vor allem auch andere Meinungen als seine eigene gelten läßt. Das ist auch etwas, wozu Wolf nie in der Lage war.»

Marlies hat schon nach den ersten Begegnungen mit Thomas offen mit ihrem Mann über ihr Liebesverhältnis gesprochen. Er reagierte zunächst sehr verletzt, zeigte sich dann aber mit einer Eheberatung einverstanden. Über ein Jahr lang versuchten beide, zueinander zu finden. Vergeblich. Als Marlies sich konstant weigerte, die Beziehung mit ihrem Geliebten abzubrechen, zog Wolf aus und reichte die Scheidung ein. Ihren Entschluß, die Rolle der Ehefrau gegen die der Geliebten einzutauschen, hat Marlies bislang noch nicht bereut. Trotzdem könnte man fragen, warum sie sich mit gelegentlichen Treffen mit einem Mann zufriedengibt, den sie als «idealen Liebhaber und Freund» beschreibt.

«Weil ich mein Alleinsein und die Vor- und Nachfreude über die Treffen mit Thomas derzeit am meisten genieße. Ich habe meinen Beruf, meine vielen Interessen, das Engagement in der Umweltschutzgruppe und ein paar gute Freunde, die für mich da sind, wenn ich sie brauche. Ich komme gut mit dem Alleinleben klar und weiß genau, daß manches von dem, was den außergewöhnlichen Reiz an der Beziehung mit Thomas ausmacht, im alltäglichen Leben mit ihm verblassen würde. So eine triste Ehe-Geschichte muß ich nicht noch mal haben. Ich bin nicht mehr das ‹kleine Mädchen vom Lande›, das sich an einen ‹Papa› anlehnt und sich dafür von ihm bevormunden und unmöglich behandeln läßt. Ich bin eine erwachsene, unabhängige Frau und werde mich nie mehr im Leben von einem Mann so runtermachen lassen, wie ich es in meiner Ehe erlebt habe.»

Das klingt, als ob es für Marlies mit dieser Ehe im Nacken erst mal nur ein entweder – oder geben kann: Mit einer festen Bindung assoziiert sie Langeweile, Einschränkungen und Demütigungen, mit einem Liebesverhältnis dagegen die reizvollen Seiten einer Beziehung: Lust, Erotik, Gleichberechtigung und Leidenschaft. Ihre Vorstellungen entsprechen ganz ihren Erfahrungen. Tatsächlich war ihre Ehe eine überwiegend triste Angelegenheit, bei der sie sich verausgabte und doch leer ausging. Ihre Liebesaffäre erlebt Marlies als eine «wahre Energiequelle», aus der sie immer wieder neue Kraft schöpft. Und doch mischt sich eine leise Wehmut in ihre Stimme, wenn sie vom Älterwerden redet.

«Irgendwann hätte ich schon gern wieder einen richtigen Lebensgefährten. Einer, der nicht nur alle paar Wochen Zeit für mich hat und an dem ich mich abends im Bett wärmen könnte. Aber so leicht ist es nicht, einen Mann zu finden, der eine Frau als vollwertigen Menschen betrachtet und sie nicht kleinmachen muß, weil er sich selber klein und unsicher fühlt. Und so, wie es in meiner Ehe war, will ich es auf keinen Fall noch einmal haben. Da bleibe ich lieber allein und freue mich über die Zeit, die ich mit Thomas verbringe. Auch wenn sie noch so beschränkt ist.»

Marlies hat zwar durch ihre Außenbeziehung mehr Selbstvertrauen und eine neue Lebensperspektive für sich entwikkelt, wunschlos glücklich scheint sie damit allerdings noch nicht zu sein. Aber welche Lebensform bietet dafür letztendlich eine Garantie? Immerhin hat sich Marlies mit ihrer Liebesaffäre aus einer Ehe befreit, in der sie längerfristig nach ihrer eigenen Überzeugung «depressiv oder organisch krank» geworden wäre. Daß es ein Leben jenseits ihres unglücklichen Ehetrotts geben könnte, erfuhr sie erst durch die Liebesbeziehung mit einem anderen. Mit einem Mann, der offensichtlich nicht die eigenen Unfähigkeiten hinter den vorgeblichen Schwächen einer Frau zu verbergen suchte. Wahrscheinlich konnte Marlies auch aus diesem Grund mit ihrem Geliebten ihre sexuelle Erlebnisfähigkeit zurückgewinnen. Und das ist allemal mehr wert als ein Durchhalten zu zweit, das auf Verdrängung eigener Wünsche, auf der Verleugnung von Enttäuschung und Wut – und damit zu einem erheblichen Maß auf Selbstverrat basiert.

Als verheiratete Frau Liebeserfahrungen mit einem anderen als dem eigenen Ehemann zu machen, zeugt von einem Freiraum, der den allermeisten Frauen früherer Generationen verschlossen blieb. Bei einer Frau den eigenen Appetit auf Sexualität zu «wecken», das galt bis in die Mitte unseres Jahrhunderts hinein als vornehmliche Aufgabe des Ehemannes.

Und es war das Pech der Frau, wenn sie – was eher die Regel als die Ausnahme gewesen sein dürfte – an einen geriet, der sich ungeschickt oder ungeduldig anstellte, der selbst unerfahren oder gar völlig unbegabt war. Wenn die «Erwekkung» mißlang, bedeutete das für zahllose Frauen ein sexuell verkümmertes Leben – und zwar für den Rest ihrer Tage. Daß es auch heute noch Frauen gibt, die nicht nur jahre-, sondern jahrzehntelang an der Seite ihres Mannes an ihrer Sexualität vorbeileben, zeigt das Beispiel von Karla.

Karla ist eine der Interviewpartnerinnen, die ich über Zeitungsannoncen in mehreren deutschen Großstädten kennengelernt hatte. Wir sind in einem italienischen Restaurant in Hannover verabredet. Ich weiß lediglich, daß sie 41 Jahre alt, seit neunzehn Jahren verheiratet und Mutter von drei Kindern ist; daß sie halbtags als Sachbearbeiterin in einem Industriebetrieb arbeitet und natürlich, daß sie einen Liebhaber hat. Einen Arbeitskollegen, mit dem sie sich seit zwei Jahren heimlich trifft. Als ich das Restaurant betrete, fällt sie mir sofort ins Auge. Sie ist eine auffallend attraktive Frau mit rotbraunen, mittellangen Haaren, hellen grünen Augen und lebhafter Mimik, dezent geschminkt und ganz in Schwarz gekleidet. Als ich ihre Geschichte höre, bin ich fassungslos: Diese spritzige, gutaussehende Frau sollte fast zwanzig Jahre auf eine erfüllte Sexualität verzichtet haben; sie sollte tatsächlich zu den zahllosen Frauen gehören, die jahrein, jahraus in ihrer Ehe zurückstecken, still vor sich hin leiden, resignieren und oft ganz und gar verkümmern. Die weder kämpfen noch flüchten können.

«Ich bin mit meinem Mann seit meinem fünfzehnten Lebensjahr zusammen und hab ihn mir vor allem deshalb ausgeguckt, weil er sehr zurückhaltend und nicht so ein Draufgänger zu sein schien. Damals gefiel mir das, weil ich einen Freund zum Händchenhalten wollte und mit Sex überhaupt noch nichts am Hut hatte. Eigentlich ist er überhaupt nicht der Typ Mann, der mir gefällt und in den ich mich richtig verlieben könnte, aber das ist mir leider erst viel später klargeworden. Im Grunde genommen ist er ein sehr empfindsamer Mensch, sehr kontaktscheu, sehr ängstlich und leider auch sehr verklemmt. Aber auch das merkte ich erst, *nachdem* wir geheiratet hatten und er dauernd von seinen Ängsten und Sorgen redete und unsere Sexualität immer nach demselben Muster ablief: zwei, drei Handgriffe, und schon war's vorbei. Ich war eigentlich ständig frustriert, weil es mit ihm kaum Berührungen, keine Zärtlichkeiten, keine Liebesworte, einfach nichts gab, was mir gefällt und mir guttut. Er erträgt es kaum, wenn ich ihn anfasse oder ihn richtig küssen will. Ganz abgesehen davon, sind bestimmte Körperteile absolut tabu. Man darf ihm um Gottes willen nicht zwischen die Beine fassen, weil er das als völlig abartig empfindet. Also, ich hab mich jedenfalls schon ziemlich früh im Bett mit ihm gelangweilt und wollte mich mehrmals von ihm scheiden lassen, weil ich mich darüber hinaus auch von seinen ständigen psychischen Problemen überfordert fühlte. Aber es gab immer wieder Gründe, die mich daran hinderten. Einmal machte er gerade sein Diplom und stand kurz vor dem Nervenzusammenbruch, so daß ich ihn nicht allein lassen konnte. Dann war es der Streß im Betrieb oder ein Arbeitsplatzwechsel, der ihm derartig zu schaffen machte, daß er meine Unterstützung brauchte. Und schließlich kamen unsere drei Kinder zur Welt, die jetzt siebzehn, vierzehn und zwölf Jahre alt sind. Zumindest der Jüngere braucht mich noch und würde unter einer Trennung mit Sicherheit sehr leiden. Das möchte ich auf keinen Fall, auch wenn ich in meiner Ehe nicht gerade zufrieden und glücklich bin. Mein Mann ist die Woche über so gut wie überhaupt nicht ansprechbar, muffelt nur herum, mäkelt und meckert. Nur am Wochenende, wenn er ein paar Bier getrunken hat, dann ist er der liebste und freundlichste Mensch. Dann will er auch mit mir schlafen, aber wie gesagt, im Schnellverfahren und ohne jede Erotik. Im Grunde genommen führen wir eine Wochenendehe, weil er jeden zweiten Tag nach dem Büro ins Fitneß-Studio geht, um seine Muskeln zu stählen, obwohl ich dem absolut nichts abgewinnen kann. Dann kommt er gegen acht nach Hause, ißt sein Abendbrot, guckt in die Zeitung und geht gegen neun ins Bett. Wenn er früher zu Hause ist, dann sieht er sich irgendwelche Sportsendungen im Fernsehen an, denn Sport ist für ihn das größte. Ich hätte viel lieber einen Mann, der sich mal mit mir einen Spielfilm ansieht, mal mit mir ausgeht, zum Essen, zum Tanzen oder mit Freunden was unternimmt. Aber dazu ist er immer zu müde, zu schüchtern oder zu schlecht gelaunt. Das Komische ist nur, daß man sich im Laufe der Jahre an vieles gewöhnt, was einem eigentlich keine Freude macht. Man wächst irgendwie zusammen und entwickelt das Gefühl, der eine gehört nun mal zum anderen. Vielleicht weil es ab und zu auch ein paar schöne Momente gibt. Jedenfalls denkt man irgendwann nicht mehr groß darüber nach, daß man eigentlich ein ganz anderes Leben führt, als man sich einst als junger Mensch erträumt hatte.»

Das Arrangement mit dem alltäglichen Frust – so könnte man es auch nennen. Sich bescheiden, mit wenig zufriedengeben und sich an den Spatz in der Hand gewöhnen, statt der Taube auf dem Dach nachzusteigen. Unzählige Frauengenerationen haben nach diesem Motto gelebt. Sie haben verzichtet und resigniert und die eigenen Wünsche begraben, noch ehe sie sich im Bewußtsein voll entfalten konnten. Was hätten sie auch anderes tun können? Schließlich erfuhren die wenigsten der heute über vierzigjährigen Frauen von ihren Müttern oder Vätern, wie ein erfülltes Liebes- und Sexualleben aussehen kann. Und sie konnten nicht «ausprobieren», wer zu ihnen paßt. Bis in die sechziger Jahre hinein galt die Jungfräulichkeit von Frauen als eine, wenn nicht gar die entscheidende Voraussetzung für eine gute Ehe. In der seinerzeit sehr populären Zeitschrift «Twen» antwortete der Teilnehmer einer Männerdiskussion auf die Frage, ob er auch eine Frau heiraten würde, die keine Jungfrau mehr sei, empört, er kaufe ja schließlich auch keinen Gebrauchtwagen ...[15] Den jungen Mädchen von damals wurde nahegelegt, sich ihre künftigen Ehemänner – also Liebhaber – vor allem nach den Kriterien Fleiß und Rechtschaffenheit auszusuchen. Sie sollten einem anständigen und sicheren Beruf nachgehen, der es ihnen erlaubte, Frau und Kinder zu versorgen und ihnen ein möglichst angenehmes und sorgenfreies Leben zu bieten. Ihre Qualitäten als Liebhaber auszutesten und die entsprechenden Fähigkeiten vor einer Heirat zu berücksichtigen, diese Möglichkeit blieb – wie gesagt – den meisten jungen Frauen versagt. Stellte sich nach der Eheschließung heraus, daß sie mit ihrem Mann in der Sexualität mehr schlecht als recht harmonierten, dann blieb ihnen in der Regel nicht viel mehr übrig als schon ihren Müttern und Großmüttern: Sie spalteten ihre sexuellen Gefühle ab, ließen den ehelichen Akt gleichgültig oder angewidert über sich ergehen und retteten sich von Zeit zu Zeit in eine Migräne oder sonstige Erkrankung, um dem Drängen des nicht begehrten Gatten zu entkommen. Wie im «Diskurs der Partner»[16] die Lebensgestaltung *verhandelt* werden muß, und zwar nicht nur was Arbeit, Wohnen, Kindererziehung und Freizeitgestaltung betrifft, sondern auch Sexualität und Emotionalität, das lernten, wenn überhaupt, erst zwanzig Jahre später die Töchter dieser Frauen. Sie selbst fügten sich in der Regel in ihr Schicksal, kümmerten sich weniger um ihr eigenes als um das Leben ihrer Kinder und trösteten sich nicht selten damit, daß es in der Ehe der Freundin offenbar ganz ähnlich aussah.

Aber die permanente Selbstverleugnung bleibt selten ohne negative Auswirkungen. Sie fordert ihren Tribut und drückt sich in zahllosen körperlichen Beschwerden, in Eßstörungen, in depressiven Verstimmungen und nicht zuletzt in vorzeitigen Alterserscheinungen aus. Wer in Cafés und Restaurants, an Urlaubsorten oder in öffentlichen Verkehrsmitteln aufmerksam Paare beobachtet, die «in die Jahre gekommen sind», der wird in vielen Gesichtern die Spuren des nicht gelebten Lebens erkennen. Im wortlosen Aneinandervorbeistarren, in leeren oder trotzigen Augen, aus denen längst jeder Glanz gewichen ist oder in verkniffenen Mündern und herabhängenden Mundwinkeln. Während Männer die Erstarrung in ihrer Liebesbeziehung häufig mit starkem Engagement in Beruf, Sport oder Politik kompensieren können, scheint es für viele Frauen nach wie vor keinen anderen Weg als die Flucht in Krankheit oder Depression zu geben. Es sei denn, sie finden den Mut, sich von ihrem Mann zu trennen und einen neuen Lebensabschnitt zu beginnen. Sind allerdings, wie bei Karla, drei halbwüchsige Kinder im Haus, dann erfordert dieser Schritt so viel Kraft, Stärke und Selbstbewußtsein, daß auch heute noch viele Frauen davor zurückschrecken. Wenn ihnen in dieser Situation ein Mann über den Weg läuft, der genau das bietet, was der eigene verweigert und vermissen läßt, dann ist es kein Wunder, wenn sie sich schließlich mit einem «Sowohl-Als-Auch» arrangieren.

Karla arbeitete bereits fünf Jahre in einem mittelständischen Industriebetrieb in Hannover, als sie mit einem Kollegen ein Liebesverhältnis begann. Sie hatte ihn erst nur als sympathischen Mitarbeiter wahrgenommen. Ihr war lediglich aufgefallen, daß er trotz seiner freundlichen, hilfsbereiten Art ihr gegenüber eigenartig reserviert blieb. Aus gutem Grund, wie sich später herausstellte, denn er war ebenfalls verheiratet und hatte sich ziemlich bald, nachdem Karla eingestellt worden war, in sie verliebt. Vor zwei Jahren, auf einer großen Feier zum zwanzigjährigen Betriebsjubiläum, forderte er sie mit einemmal zum Tanzen auf.

«Als er mir, nachdem wir eine ganze Weile miteinander getanzt hatten, zärtlich mit den Händen durch die Haare fuhr und dann mein Gesicht streichelte, war ich wie vom Schlag getroffen. Ich konnte gar nicht fassen, was Stefan da tat, wo er doch sonst immer so korrekt und höflich auftrat. Jedem anderen hätte ich sofort auf die Finger gehauen, aber bei ihm ließ ich es geschehen. Danach holte er uns etwas zu trinken und ging mit mir hinaus auf den Balkon, der – auch das noch – im hellen Mondlicht lag. Dort bekam ich den ersten Kuß seit über zwanzig Jahren, den ich durch meinen ganzen Körper bis hinunter in die Zehen spürte. Es war traumhaft.

So als ob das gar nicht in meinem richtigen Leben geschah, sondern irgendwo in einem romantischen Liebesfilm, in dem ich die Hauptrolle spielte. Jedenfalls fuhr Stefan mich von diesem Tag an öfters nach dem Büro nach Hause. Dann gab's jedesmal im Auto eine wilde Küsserei, die mich ganz verrückt nach ihm machte. Aber irgend etwas hielt mich trotzdem davon ab, meinen Mann zu betrügen.»

Die Angst vor der eigenen «Untreue» – dieses Gefühl teilt Karla mit fast all meinen Interviewpartnerinnen, die sich aus Enttäuschung über den eigenen Mann einem anderen zuwenden. Die Geduld und Leidensbereitschaft vieler Frauen scheint immer noch grenzenlos. Ganz offensichtlich muß das Maß nicht erst voll, sondern übervoll sein, bevor sie sich endlich dazu durchringen, dem jahrelangen Beziehungsfrust zu entkommen, oder sich zumindest bei anderen Männern Entlastung verschaffen. «Frauen, die eheliche Untreue begehen, praktizieren lange Zeit ihre emotionalen und seelisch-geistigen Formen, ehe sie es mit dem Sexuellen versuchen... Da sie nicht bereit sind, sexuelle Interessen einzugestehen, pflegen solche Frauen mit interessierten Männern heftig zu flirten, sich aber gleich zurückzuziehen, wenn ein Mann die Herausforderung annimmt»[17], hat Brian R. Boylan beobachtet. Auch die meisten meiner Gesprächspartnerinnen haben sich in Gedanken und (Tag-)Träumen immer wieder romantische Liebesszenen mit anderen Männern ausgemalt, bevor sie ihre Phantasien in Realität umsetzten. Das Zurückschrecken vor dem «entscheidenden Schritt», wie es einige nennen, begründen sie mit einem starken «Verbundenheitsgefühl» ihrem Lebenspartner gegenüber. Oft scheint es jedoch eher eine Angst vor der eigenen Erschütterung zu sein – auf einmal so plastisch und unausweichlich vor Augen geführt zu bekommen, mit welchem Lebensalltag man bzw. frau sich über kostbare Jahre hinweg abgefunden und arrangiert hatte. Es ist erschreckend festzustellen, welches Ausmaß an Gleichgültigkeit, Zurückweisung oder gar Demütigungen der Lebenspartner sich immer noch erlauben darf, bevor

Frauen sich aus ihrer Erstarrung lösen und handlungsfähig werden. Karla widerstand der «Versuchung», sich mit ihrem Arbeitskollegen auch sexuell einzulassen, fast ein halbes Jahr lang.

«An einem Freitagabend, als ich vom Kegeln kam, hatte mein Mann ganz besonders schlechte Laune. Das ganze Wochenende über war er grantig und mißmutig. Besonders widerlich wurde er am Sonntag. Da sagte er doch tatsächlich zu mir, ich sei viel zu dick, und wenn ich zehn Kilo weniger hätte, dann würde er mich eher lieben. Das war wirklich der Hammer. Zum einen hab ich seit Jahren kein Gramm zugenommen, und zum anderen mußte ich sofort daran denken, daß es einen anderen gab, der unheimlich gut küssen konnte und mich so mochte, wie ich war. Der mir dauernd sagte, wie toll ich aussehe und daß ich ihn wahnsinnig machen würde. An diesem Wochenende nahm ich mir vor, Stefan nachzugeben. Wenige Tage später traf ich eine Verabredung mit ihm; er lud mich in ein Lokal außerhalb von Hannover ein, und anschließend haben wir das erste Mal miteinander geschlafen. Im Auto – wie die Teenager. Es war so wunderbar, so sagenhaft befreiend, daß ich danach erst mal heulen mußte. Wahrscheinlich, weil ich so viele Jahre darauf verzichtet und mich mit dieser Null-acht-fünfzehn-Sexualität mit meinem Mann begnügt hatte. In den vergangenen zwei Jahren hat Stefan mich körperlich wesentlich besser kennengelernt als mein Mann in zwanzig Jahren. Zwischen uns bestehen überhaupt keine Hemmungen und keine Tabus. Wir haben uns ziemlich schnell unsere geheimsten Phantasien anvertraut und leben alles miteinander aus, was uns anmacht. Stefan ist schlichtweg das totale Gegenteil von meinem Mann. Lebenslustig, gesellig, humorvoll und ungeheuer ekstatisch in der Sexualität. Ich hab mehrfach versucht, was ich mit ihm erlebe, behutsam in meine Ehe einzuführen. Es wollte mir nicht in den Kopf, daß, was mir und meinem Freund Vergnügen bereitete, nicht auch meinem Mann gefallen sollte. Aber es erwies sich als sinnlos. Er ist viel zu prüde, zu gehemmt und zu steif und findet es schon abartig, wenn ich zum Beispiel mal oben liegen will. Da ist wirklich Hopfen und Malz verloren. Aber was soll's? Ich hab ja Stefan. In der Firma lassen wir uns überhaupt nichts anmerken und verhalten uns genauso wie früher. Wir treffen uns zwei- bis dreimal die Woche nach Büroschluß und fahren zusammen in den Wald oder lieben uns im Auto. Am meisten genieße ich es, wenn wir uns für ein paar Stunden ein Hotel mieten oder wenn seine Frau verreist ist und ich ihn besuchen kann. Einmal war auch ich ein Wochenende allein zu Hause. In meinem ganzen Leben werde ich diese zwei Tage nicht vergessen, an denen es nichts gab außer Liebe, Essen und Schlaf... Gott sei Dank hatte ich meinem Mann gegenüber nie irgendwelche Schuldgefühle, wahrscheinlich weil ich ihm überhaupt nichts nehme. Das was Stefan mir gibt, hat er sowieso nicht. Ich möchte schon, daß es meinem Mann gutgeht, er nicht leidet und wir weiter eine Familie bleiben. Aber Stefan will ich auch nicht verlieren. Ohne unsere gemeinsamen Erlebnisse kann ich mir mein Leben nicht mehr vorstellen, das geht ihm genauso, seine Frau hat außerdem schon seit Jahren kein Interesse mehr am Sex. Eigentlich ist jetzt alles wunderbar, so wie es ist, und es könnte ewig so weitergehen, wenn's nach mir ginge...»

Das ist leicht gesagt. Was der eine nicht merkt, das regelt der andere: Noch immer funktionieren die alten patriarchalen Strukturen, wenn Frauen jahrhundertealte Fesseln abstreifen und sich sexuelle Freiräume erobern wollen. In Karlas Fall war es der Chef, der die «Ehebrecherin» in die Schranken verwies und «moralische» Disziplinierungsmaßnahmen ergriff. Vor einem halben Jahr ließ er Karla in sein Büro kommen und warf ihr vor, daß man im Betrieb über «ihr seltsames Verhalten» rede. Er wolle es nicht genauer präzisieren, da sie sicher so gut wie er wisse, worum es gehe. Sie solle jedenfalls die ganze Angelegenheit überdenken – es gehe dabei immerhin um Menschen, die eine Familie hätten – und sich wieder so «einwandfrei wie früher verhalten». Andernfalls sähe er sich leider gezwungen, ihr zu kündigen. Daß nur Karla, nicht aber ihr Freund vom Chef wegen der Liebesaffäre gerügt wurde, wirft ein bezeichnendes Licht auf die patriarchale Doppelmoral, die Frauen – nach wie vor – weniger sexuelle Selbstbestimmung zugesteht als Männern

Karla reagierte nicht auf den Erpressungsversuch und erhielt wenige Wochen später die Kündigung wegen «dringend erforderlicher betrieblicher Einsparungsmaßnahmen». Eine ebenso unfaßliche wie unverschämte sexuelle Disziplinierungsmaßnahme von seiten eines Arbeitgebers. Wohlgemerkt, diese Geschichte «spielt» im Jahre 1991. Fassungslos bin ich allerdings auch über Karlas Reaktion auf diese Kündigung. Sie suchte ihren Chef auf und erklärte sich bereit, in Anbetracht seiner finanziellen Notlage eine Zeitlang unentgeltlich (!) für ihn zu arbeiten. Diesen Schritt begründete sie mir gegenüber damit, daß sie überhaupt kein Hausfrauentyp sei, Kochen, Waschen und Putzen ausgesprochen langweilig finde und ihr spätestens nach einer Woche die Decke auf den Kopf falle, wenn sie nicht unter Menschen komme. Eine erst mal einleuchtende Erklärung, aber kein Argument für ihre Bereitschaft zu einem derartigen Ausbeutungsverhältnis. Nach einigem Zögern gibt sie zu, es sei ihr auch darum gegangen, Stefan weiter täglich sehen zu können, auch wenn sie sich in der Firma ja völlig unauffällig verhalten würden (bzw. müssen!). Meine Verwunderung wird immer größer, als ich höre, welchen Gegenvorschlag ihr Chef ihr unterbreitet hatte: Karla «dürfe» sechs Monate lang auf der Basis eines 480 DM-Vertrages weiterarbeiten. Sozusagen auf Bewährung. Sei ihr «moralisches Verhalten» danach «wieder tadellos», würde sie wieder zu den alten Bedingungen eingestellt, wenn nicht, dann müsse sie endgültig gehen. Ein Vorschlag, den Karla sofort akzeptierte. Aber nicht nur das. Sie arbeitet weiterhin halbtags an ihrem alten Arbeitsplatz und bewältigt für 480 Mark im Monat das gleiche Arbeitspensum wie vorher. Das Ganze erzählt sie lachend, als ginge es dabei um eine Bagatelle und nicht um einen ungeheuerlichen Erpressungsversuch – und darüber hinaus um eine grobe Verletzung arbeitsrechtlicher Vorschriften von seiten des Firmenchefs.

Gemäß den Bestimmungen des Arbeitsrecht-Handbuchs ist eine Kündigung bei einem «intimen Verhältnis» am Arbeitsplatz nur dann zulässig, «... wenn ein älterer Arbeitnehmer oder ein Dienstvorgesetzter ein intimes Verhältnis mit einer Jugendlichen oder einer Auszubildenden anfängt und trotz erfolgter Abmahnung hieran festhält. Im übrigen wird ein intimes Verhältnis oder ein Büroflirt eine Kündigung nur rechtfertigen, wenn dadurch die Arbeitsleistung, die betriebliche Zusammenarbeit oder, namentlich bei einem verheirateten Partner, allgemeine Anschauungen der Sitte verletzt werden und hierdurch das Arbeitsverhältnis beeinträchtigt wird. Der Arbeitgeber ist nicht der Sittenwächter der Arbeitnehmer.»[18] Ein Recht zur Kündigung besteht also nur dann, wenn der Betriebsfrieden durch ein Liebesverhältnis gestört wird – wovon, Karlas Schilderungen zufolge, in ihrer Firma nicht die Rede sein kann. Ich habe mit dem Hamburger Rechtsanwalt Friedrich H. Wuttke über Karlas Kündigung gesprochen und ihn um eine rechtliche Einschätzung gebeten. Nach Auffassung des Anwalts hätte Karla gute Chancen, vor Gericht eine Wiedereinstellung zu den alten Arbeitsbedingungen zu erstreiten. Der Arbeitgeber hätte dann den Beweis zu erbringen, daß er sich tatsächlich in der wirtschaftlichen Notlage befindet, die er als offiziellen Kündigungsgrund angab. Ein Nachweis, der nach Meinung von Rechtsanwalt Wuttke kaum erbracht werden kann, «denn der Arbeitgeber hat ja durch sein eigenes Verhalten bewiesen, daß er die Mitarbeiterin weiterhin benötigt».

Den Gedanken, gerichtlich gegen ihren Chef vorzugehen, hatte Karla kurz erwogen, aber schnell wieder verworfen. Sie findet es zwar ungerecht, daß ihr Freund kein einziges Mal wegen ihrer Liebesbeziehung zum Chef zitiert wurde, er weiterhin unbehelligt an seinem Arbeitsplatz sitzt und sie allein die Konsequenzen für ein Verhalten tragen muß, das beide betrifft. Aber sie läßt ihre Wut und Empörung nicht raus, sondern versucht, mit der schwierigen Situation allein fertig zu werden. Nicht einmal ihr Geliebter kennt den wahren Sachverhalt. Er glaubt an die Version vom «finanziellen Engpaß» und hat keine Ahnung davon, wie sehr Karla von ihrem gemeinsamen Chef unter Druck gesetzt wird Und warum? Weil wieder einmal eine Frau glaubt, den Mann, den sie liebt, schonen zu müssen. Weil sie ihn nicht mit «unnötigen Sorgen» belasten und «Ärger und Kummer von ihm fernhalten» will. So als ginge das ganze Problem nur sie allein und ihren Freund nicht im entferntesten etwas an.

Karla erträgt diese außergewöhnlich belastende Situation ebenso stoisch wie sie die sexuelle Verkümmerung in ihrer Ehe hingenommen hatte. Ihr Rückzug in die Defensive und ihre Bereitschaft, unentgeltliche Arbeit zu leisten, muten darüber hinaus wie eine Selbstbestrafung an. So als müsse sie für die «große Lust und die Freude am Sex», die sie sich nach zwanzig dürren Jahren endlich zugesteht, büßen. Ihr Kopf fordert zwar das Recht auf den Arbeitsplatz *und* den Liebhaber, doch insgeheim scheint sie sich damit abgefunden zu haben, daß sie «um des lieben Friedens willen» Zugeständnisse machen muß («alles hat seinen Preis»!). Mein Verdacht bestätigt sich, als sie am Ende unseres Gesprächs meint, wenn es «hart auf hart käme», dann würde sie sich für Stefan entscheiden und ihren Arbeitsplatz räumen. Wie aussichtslos es sein würde, mit über vierzig Jahren eine qualifizierte Halbtagsstelle zu finden, ist ihr bewußt, «aber einen Mann, mit dem ich so gut kann wie mit Stefan, den treffe ich ja schließlich auch nicht an jeder Ecke. Oder finden Sie etwa, daß einem dauernd interessante, nette Männer über den Weg laufen?» Wir müssen lachen (Galgenhumor!). Trotzdem versuche ich Karla einzureden, daß sie in die Offensive gehen muß; daß es wichtig ist, sich gegenüber dem Chef zur Wehr zu setzen und den Freund zu informieren; daß sie dabei ist, sich eine ungeheuerliche Ungerechtigkeit antun zu lassen und in gewisser Hinsicht in die duldende Passivität ihrer kargen Ehejahre zurückzufallen. Ich rede wie ein Wasserfall ... und erreiche sie doch nicht. Sie wirkt überrascht, wie sehr ich mich hier engagiere, schüttelt dann aber entschieden den Kopf und weist darauf hin, daß sie schließlich einen gutverdienenden Mann habe und eigentlich nur zum Spaß arbeite, während ihr Freund eine vierköpfige Familie versorgen müsse.

Jetzt ist mir nicht mehr zum Lachen zumute. Es ist eher zum Heulen, in welchem Maße Frauen immer noch bereit sind zurückzustecken, selbst wenn es sich dabei um so etwas Wesentliches wie den eigenen Beruf handelt. Daß Karla Gefahr läuft, in die totale ökonomische Abhängigkeit von ihrem Mann zu geraten, scheint sie derzeit nicht sonderlich zu beunruhigen. Was aber, wenn sie sich tatsächlich eines Tages von ihm trennen will und dann über kein eigenes Einkommen verfügt? «Davor habe ich überhaupt keine Angst. Dann werde ich mich eben um eine neue Stelle bemühen. Und ich werde auch eine finden. Da bin ich ganz sicher», meint sie lachend.

Die Selbstsicherheit, die aus diesen Worten spricht, steht in krassem Gegensatz zu der passiven Haltung, die sie ihrem Chef und ihrem Mann gegenüber einnimmt. Von dem einen läßt sie sich moralisch bevormunden und eine rechtlich äußerst fragwürdige Kündigung gefallen. Bei dem anderen nimmt sie Desinteresse, Launenhaftigkeit und sexuelle Begegnungen hin, die ihr «keinen Spaß machen». Der einzige Freiraum, den Karla sich geschaffen hat und weiter bewahren möchte, ist das Liebesverhältnis mit ihrem Kollegen. Karlas Ansprüche an ihr eigenes Leben sind offenbar sehr bescheiden. Die zwei, drei Stunden, die sie in der Woche mit ihrem Freund verbringt, sind die Krumen, die alles aufwiegen müssen. So als ob ihr eine anständige Mahlzeit, geschweige denn ein Leckerbissen nicht zustünde. Sie zieht zwar eine Trennung von ihrem Mann in Betracht – aber eben für später. Dieses «später» schiebt sie schon sehr lange vor sich her. Daß dabei viel Zeit verrinnt und Karla Jahre ihres Lebens verschenkt, nimmt sie scheinbar unbekümmert in Kauf. Vielleicht weil ihre Verliebtheit sie darüber hinwegblendet. Auf der anderen Seite *hat* Karlas Liebesaffäre ihr Leben ohne Zweifel bereichert, und in ihrem Bewußtsein ist vielleicht etwas in Gang gesetzt worden. Schließlich konnte sie dabei Erfahrungen sammeln, die ihr in ihrer Ehe bis zum heutigen Tag unmöglich waren. Sie hat endlich die Freude an der Sexualität, an ihrer eigenen Sinnlichkeit und Erotik entdeckt. Im Vergleich zu dem Leben, das sie vorher führte, ist das ein beachtlicher Fortschritt – wenn auch noch kein Idealzustand, weil sie sich das, was ihr guttut, nur als *Ausnahme* gönnt und in der Regel weiter darauf verzichtet. Und vor allem, weil ihr aus der Abhängigkeit heraus dafür kein Preis zu hoch erscheint.

Die Lebenshungrige

Ein Nachmittag in einem Café in der Frankfurter Innenstadt. An den meisten Tischen sitzen Frauen, die die Lebensmitte schon lange überschritten haben. Ältere Frauen also, im Volksmund bisweilen abschätzig «alte Jungfern» oder «Teenager-Spätlese» genannt. Es sind Frauen, die sich fast ausnahmslos an die zwar ungeschriebenen, deshalb aber nicht minder wirksamen Bekleidungsvorschriften für ihre Jahrgänge halten. Sie tragen Hüte, Faltenröcke, Blusen und Kleider in dunklen, kleingemusterten Stoffen. Die meisten unterhalten sich leise und gedämpft, wirken unauffällig und geschlechtslos, so wie es sich für Frauen «eben gehört», wenn sie die magische Grenze des Klimakteriums erreicht und in den Augen der Gesellschaft die Rechte der Jugend auf Lust und Erotik verloren haben. Ich lasse meinen Blick in die Runde schweifen und glaube, in den Gesichtern mancher Frauen die Spuren des eingeschränkten Lebens zu erkennen. In den leeren Blicken, den zusammengesackten Oberkörpern und nicht zuletzt den hastigen, manchmal fast gierig anmutenden Bewegungen, mit denen sie die Kuchen- und Tortenstücke zum Mund führen. Soviel Sahniges und soviel Süßes als Ersatz wofür? Für den Verlust an Weiblichkeit und Attraktivität, wie es ihnen die Gesellschaft und manchmal auch der Lebenspartner suggerieren? Für den Abschied von der Mutterrolle, weil die Kinder längst aus dem Haus sind und ihre eigenen Wege gehen? Für die mangelnde Zuwendung und Zärtlichkeit, weil ihre Körper nicht mehr locken und den gängigen Schönheitsnormen nicht entsprechen? Keine der anwesenden Frauen erweckt den Eindruck, als hätte sie ein erfülltes Liebesleben, weder mit dem eigenen und schon gar nicht mit einem anderen Mann. Sie scheinen längst das neutrale, geschlechtslose Dasein akzeptiert zu haben, das die patriarchale Gesellschaft Frauen zuweist, die ihre jugendliche Attraktivität und damit ihren erotischen «Marktwert» verloren haben. «Welche Alternative hat eine alternde Frau?»[19] fragt Doritt Cadura-Saf. «Kann sie im Alleingang versuchen, kaputtzumachen, was sie kaputtmacht? Es würde ihr schwerlich gelingen. Was aber tun Frauen tatsächlich? Sie reagieren mit Depressionen, mit psychosomatischen Beschwerden, mit offener und versteckter Verzweiflung. Oder mit innerer Emigration über den Weg der Anpassung. Sie verschwinden aus dem Bewußtsein der Öffentlichkeit, indem sie sich so verhalten, wie es von ihnen erwartet wird.»[20] Das bedeutet, daß viele von ihnen schon in den Fünfzigern genau das verleugnen, worauf nach den patriarchalen Normen ihre Existenz bislang hauptsächlich reduziert blieb: Weiblichkeit und Sexualität.

Lisa, mit der ich hier in diesem Café verabredet bin, hat einen anderen Weg gewagt. Ich blicke mich noch einmal um. Nein, keine der hier anwesenden Frauen kann ihre Geschichte erlebt haben. Am Telefon klang ihre Stimme, trotz ihrer 57 Jahre, heiter und ungestüm. Ich setze mich an einen freien Tisch gegenüber der Eingangstür und erkenne sie sofort, als sie den Raum betritt. Eine mittelgroße, schlanke Frau in einem sportlichen hellgrauen Kostüm und schwarzem Rollkragenpulli. Die großen dunklen Augen und der Mund sind leicht geschminkt, das schmale Gesicht wird von dichten, halblang geschnittenen grauen Haaren umrahmt, die sie schwungvoll nach hinten wirft, als sie mich begrüßt. Kaum hat sie sich gesetzt, warnt sie mich in waschechtem Berliner Dialekt, daß sie eine «echte Quasselstrippe» und außerdem fürchterlich aufgeregt sei, weil sie noch keinem Menschen ihre «wunderschöne Liebesgeschichte» anvertraut habe.

Eine Geschichte, die kurz nach Lisas fünfzigstem Geburtstag begann. Damals war sie bereits fünfundzwanzig Jahre mit einem Industriekaufmann verheiratet und hatte vier Kinder großgezogen. Die Familie lebte zunächst in Berlin. Als Lisas Mann Mitte der siebziger Jahre ein lukratives Angebot als Handelsvertreter bekam, zogen sie zu sechst nach Frankfurt. Daß ihr Mann die Woche über Außendienst hatte und nur von Freitag abend bis Montag morgen zu Hause weilte, störte Lisa kaum. Sie war voll und ganz mit der Erziehung der Kinder und der Betreuung von Haus und Garten beschäftigt. Erst als die drei Töchter und der jüngste Sohn die Familie verlassen hatten, fühlte sie Leere und Langeweile in sich aufkommen. Wehmütig dachte sie an ihren einst so geliebten Beruf zurück, den sie nach der Heirat ihrem Mann zuliebe aufgegeben hatte.

«Obwohl die Zeiten damals nach dem Krieg sehr schlecht waren und es in Berlin wenig Arbeitsmöglichkeiten für junge Frauen ohne Berufsausbildung gab, war ich davon überzeugt, daß ich mich schon irgendwie durchwursteln würde. Und so landete ich schließlich, weil ich Französisch sprach, in der französischen Besatzungsarmee als Parfümverkäuferin. Wenig später bekam ich ein phantastisches Angebot von der Firma Guerlain. Ich sollte im Hauptsitz des Unternehmens, also auf den Champs-Élysées in Paris, als Demonstrantin für Guerlain-Produkte ausgebildet werden. Natürlich bin ich mit fliegenden Fahnen nach Paris gegangen, das war ja damals eine geradezu unerhörte Chance für ein junges Mädchen. Paris – ein Zauberwort, unter dem man sich die tollsten Restaurants, todschicke Frauen und elegante, charmante Männer vorstellte. Kurz, es war für mich der Inbegriff von Luxus, Glanz und Lebenskunst. Und so eingestimmt, hab ich auch jeden einzelnen Tag während meiner Ausbildungszeit genossen. Als ich nach einigen Monaten nach Berlin zurückkam, hatte ich mich zu einer pfiffig gekleideten jungen Frau entwickelt und meinen Traumjob gefunden. Ich reiste kreuz und quer durch die Bundesrepublik, besuchte große Parfümerien und stellte dort die neuesten Produkte von Guerlain vor. Für die damalige Zeit verdiente ich wahnsinnig gut und konnte mir ein angenehmes Leben leisten: eine hübsche, kleine Wohnung, schöne Kleidung, beste Kosmetika. Ich war ein munteres, lockeres Vögelchen, ein bißchen flatterhaft, mehr geschminkt als die anderen Frauen in meinem Alter, gab mein Geld ebenso schnell wieder aus, wie ich es verdient hatte und schwebte so richtig durchs Leben. 1959 lernte ich beim Tanzen meinen Mann kennen, er war Feuer und Flamme und wollte mich schon nach einer Woche heiraten. Ich jedoch zögerte lange, ehe ich darauf einging, weil er eigentlich gar nicht meinen Vorstellungen entsprach. Ich wollte immer einen dunkelhaarigen Mann haben und mehr so einen Bohemien, einen Luftikus, mit dem ich ausgehen und das Leben so richtig genießen könnte. Mein Mann war das genaue Gegenteil davon: blond und eher ein bißchen fade, nicht sehr temperamentvoll, sondern ziemlich ruhig, ordentlich, bieder und solide. Nicht einer, der das Geld mit vollen Händen ausgab, sondern der es zusammenhielt und niemals über seine Verhältnisse lebte. Die eine Seite in mir sagte, ach, nee, so einen willste doch gar nicht, die andere meinte, ein Luftikus sei schließlich auch nichts für die Dauer. Außerdem wollte ich – immerhin schon Mitte Zwanzig – auch langsam eine Familie gründen. Und schließlich mußte man eines Tages auch vernünftig werden und konnte nicht ewig so froh und ungebunden von einem Tag zum anderen leben. Mein Mann versprach mir immer wieder, ich bräuchte mich an seiner Seite um nichts mehr zu kümmern, weil er für mich sorgen und mich auf Händen tragen würde. Irgendwie klang das auch verlockend, so daß ich schließlich nachgab und ihn heiratete.»

Lisas Entschluß mutet eher lau und halbherzig an. Was nicht weiter verwundert, denn schließlich entsprach ihr Mann weder vom Wesen noch vom Aussehen dem Typ, der ihr gefiel. Und daß sie ihn trotzdem heiratete, wirkt um so verblüffender bei einer Frau, die in beruflicher Hinsicht selbständig, zielstrebig und erfolgreich ihren Weg ging. Immerhin hatte Lisa auch eine Zeitlang im Auslang gelebt und damit Erfahrungen gemacht, die für eine junge Frau in den fünfziger Jahren alles andere als üblich waren. Ihre Entscheidung erweckt den Anschein, als habe sie sich selbst in ihre Schranken verwiesen. In ihrer Partnerwahl schwingt ein Stück Resignation mit, so als könne man im Leben nun einmal nicht alles haben: einen zuverlässigen Mann *und* ein eigenständiges Leben. Als stünde einer Frau nur *eines von beiden* zu. Leider ging Lisa in ihrer Bescheidenheit so weit und verabschiedete sich mit ihrer Ehe gleich von allem, was ihr vorher wichtig war: von einem Beruf, der ihr Spaß machte und ihr wirtschaftliche Unabhängigkeit garantierte, und von einem Männertyp (und damit einer Lebensweise), auf den sie «eigentlich flog», den «Bohemien». Daß sie sich genau für den Anti-Typ entschied, nämlich einen Mann, den sie von Anfang an als «eher fade und langweilig» empfand, mutet nicht wie eine eigene Entscheidung an.

Was aus heutiger Sicht seltsam erscheinen mag, wirkt verständlich, wenn man sich das Rollenvorbild der Frau aus den fünfziger Jahren vor Augen führt. Damals schickte es sich nicht für eine junge Frau, noch in den Zwanzigern leichtfüßig und ungebunden durchs Leben zu segeln. Lief sie dabei doch Gefahr, «keinen mehr abzukriegen», der sie ihrer (traditionellen) Bestimmung als Hausfrau und Mutter zuführte. Mit fünfundzwanzig war eine Frau ohnehin nicht mehr ganz jung und konnte leicht in «Torschlußpanik» geraten, weil außerhalb der Ehe nur die graue (oder halbseidene) Existenz als «Sitzengebliebene» auf sie wartete. Kein Wunder also, wenn sich Frauen wie Lisa, denen eigentlich etwas anderes vorschwebte, schließlich doch zu einem konventionellen Leben mit einem Mann entschieden. Selbst (oder hier schon fast *gerade*) wenn der nicht ihren Träumen entsprach, dafür aber rechtschaffen und zuverlässig erschien, ihnen materielle Sicherheit und eine Existenz innerhalb der herrschenden Normen garantierte. Daß der Preis, den sie für Geborgenheit und Sicherheit zahlen mußten, nicht nur im Verzicht auf ihre abwechslungsreiche und eigenständige Lebensweise, sondern häufig auch in Selbstaufgabe und Selbstverrat bestand, war den meisten Frauen bei der Eheschließung ganz sicher nicht bewußt.

Als die Kinder auszogen, machte Lisa eine Bestandsaufnahme ihrer Ehe: Nein, unglücklich war sie in all den Jahren nicht gewesen, hatte ihr Mann sich doch genau als der entpuppt, den sie erwartet hatte. Als jemanden, den nicht gerade betörende erotische Qualitäten und überschäumende Lebensfreude auszeichneten, aber, so betont Lisa, auf den sie und die Kinder sich verlassen konnten, der ihr gegenüber immer hilfsbereit und rücksichtsvoll gewesen sei. Allerdings entging ihm bald, wie attraktiv und lebenslustig seine Frau war. Die sprichwörtliche neue Frisur fiel ihm ebensowenig auf wie ein neues Kleid, das er schon zu kennen glaubte. Und für gemeinsame Unternehmungen am Wochenende, Tanzen, Restaurant- oder Kinobesuche fühlte er sich meistens zu müde. Lisa ging auf die Fünfzig zu, und ihre Kinder lebten inzwischen in verschiedenen Städten der Bundesrepublik, als sie fand, daß ihrem Leben etwas Entscheidenes fehlte, der Pep, «der dem Ganzen erst die Würze gibt».

«Ich war ja die Woche über weiter allein und langweilte mich immer häufiger. Mensch, sagte ich mir, du bist doch noch gar nicht so alt und lebst immer im gleichen Trott dahin, ohne Auf und ohne Ab. Ich hatte zwar ein paar Bekannte, besuchte Kurse an der Volkshochschule und ging auch einmal die Woche zum Sport. Trotzdem fühlte ich mich oft einsam, weil mir irgendwie ein richtiges Pendant fehlte. Eines Tages las ich in der Zeitung etwas über eine Kunstauktion und sagte mir, da gehste einfach mal hin und guckst dir an, wie so was läuft.»

Lisa nahm neben einem sympathischen älteren Herrn Platz, mit dem sie während der Auktion ins Gespräch kam. Sie mochte auf Anhieb seine freundliche, humorvolle Art und sagte zu, als er sie nach der Veranstaltung zu einer Tasse Kaffee einlud.

«Georg hatte eine so warmherzige Ausstrahlung, lächelte mich oft an und erzählte, daß er als Versicherungsagent arbeite. Er stammte aus dem Frankfurter Raum, war seit vielen Jahren verheiratet und hatte zwei erwachsene Kinder. Sein Lachen und die Art, wie er redete und mich ansah, gefielen mir, und ich stimmte spontan zu, als er mir vorschlug, daß wir uns doch wieder einmal treffen könnten, um zusammen essen oder spazierenzugehen. Wir sahen uns dann immer öfter, ein-, manchmal auch zweimal die Woche, fuhren mit seinem Auto raus ins Grüne, unterhielten uns lange über dieses und jenes, und die Zeit verging wie im Fluge. Ich fühlte mich wie auf Wolken in seiner Gegenwart, weil er ein so feinfühliger und höflicher Mensch war. Und einer, der unheimlich gut erzählen konnte, dem man nicht jedes Wort aus der Nase ziehen mußte, so wie meinem Mann. Aber Georg nahm auch ganz starken Anteil an meinem Leben. Er wollte alles von mir wissen, angefangen von meiner Jugend in Berlin und meiner Paris-Zeit, über meine Kinder bis hin zu meinem heutigen Leben. Im Laufe der Zeit stellte sich heraus, daß er schon seit Jahren nur noch neben seiner Frau herlebte. Sie war offenbar sehr kränkelnd, meckerte dauernd an ihm herum, klagte und jammerte und kreiste ständig nur um sich selbst. Zu mir sagte Georg immer, er fühle sich so befreit und entspannt, wenn er mit mir zusammen sei. Manchmal dachte ich zwar, was willst du eigentlich mit so einem Ollen von fast sechzig Jahren und ganz grauen Haaren? Aber dann merkte ich, wie ich jedesmal die Begegnungen mit ihm herbeisehnte und wieviel Spaß es mir machte, ein bißchen zu flirten und mich für einen Mann schönzumachen, der jede Veränderung an mir bemerkte und mit Komplimenten bedachte. Trotzdem erklärte ich ihm nach einigen Monaten kategorisch, ich wolle nicht mit ihm ins Bett gehen. Das solle er sich bloß nicht einbilden. Schließlich sei ich verheiratet, hätte große Kinder und würde demnächst sogar Großmutter... Also Sexualität mit einem anderen Mann, nee, das käme für mich nicht in Frage. Das würde mich doch zu sehr belasten. Dann könnte ich meinem eignen Mann nicht mehr unter die Augen treten und würde mich womöglich selber verachten. Aber wenn er damit einverstanden wäre, daß wir uns als gute Freunde weiter träfen, dann fände ich das wunderbar.»

Fast ein Jahr lang verband Lisa und Georg eine Freundschaft, die auf gegenseitiger Achtung und Wertschätzung und nicht minder auf erotischer Spannung beruhte. Auch wenn Sexualität, auf Lisas Wunsch hin, weiter ausgeklammert blieb. Eine platonische Liebe also, ohne übermächtiges Verlangen und körperliche Hingabe, aber gekennzeichnet durch herzliche Anteilnahme und Zuwendung. Eine Seelenverwandtschaft, die ebenso stark von den Gemeinsamkeiten und der gleichen Wellenlänge lebt wie von der Möglichkeit, sich immer wieder in die eigene Welt zurückzuziehen. «Die Beteiligten müssen sich trotz grundsätzlicher Übereinstimmung und trotz ihrer Zuneigung als zwei Individuen erleben mit unterschiedlichen Meinungen, Neigungen und Normvorstellungen. Freundschaft kann nur bestehen, wenn es nicht zu einer Art Verschmelzung oder zur totalen Identifikation kommt»[21], meinen die Autorinnen des Buches «Ein platonisches Verhältnis». So vermutet auch Lisa als einen Grund für die harmonische Beziehung zwischen Georg und ihr, daß sich beide ihre Freiräume ließen und nie die Absicht hatten, ihren Alltag miteinander zu teilen; daß sie sich weder von ihren Lebenspartnern trennen wollten noch irgendwelche Forderungen oder Besitzansprüche aneinander stellten. Auch dann nicht, als sich ihre Freundschaft langsam – und fast unmerklich – in Liebe verwandelte. Warum solche aus einer freundschaftlichen Bindung gewachsenen Liebesverhältnisse oft besonders solide sind, erklärt der Soziologe Franceso Alberoni so: «Im Verliebtsein, das eine funkensprühende und schreckliche Initialzündung ist, kennen sich die Verliebten nicht. Ihre empirische Realität enthüllt sich erst nach und nach, als ob die Materie, das Vorhandene, sich den Begierden des status nascendi widersetzen... In der Liebesbeziehung dagegen, die aus der Freundschaft entsteht, gibt es bereits eine gewählte Affinität; es gibt den Respekt für die Freiheit des anderen und die Anerkennung der Grenzen, die sich bei der explosiven Liebe erst unter Schmerzen und Qualen herstellen muß.»[22] Ebenso wichtig dürfte, besonders für ältere Frauen, das Vertrauen sein, das sich während der Freundschaft entfalten kann und das für viele von ihnen eine unerläßliche Voraussetzung für eine sexuelle Beziehung mit einem Mann darstellt. Erst als Lisa sich ganz sicher fühlte, daß ihr Freund sie weder «ausnutzen noch reinlegen» wollte «oder sonst irgend etwas Krummes» mit ihr vorhatte, fuhr sie mit ihm in das Wochenendhaus seines Arbeitskollegen.

«Wir tranken ein bißchen Wein, und dann hat es sich einfach so ergeben. Obwohl Georg unwahrscheinlich einfühlsam war und sehr viel Rücksicht auf mich nahm, wurde dieses erste Mal für mich doch sehr dramatisch und kein besonders gutes Ereignis. Mit wurde mit einem Schlag klar, daß es jetzt mit der Spielerei vorbei war und ich etwas sehr Einschneidendes getan hatte. Ich fühlte mich ziemlich am Boden zerstört, hatte heftige Schuldgefühle meinem Mann gegenüber und bat Georg, mich nach Hause zu fahren, weil ich das Ganze erst einmal verdauen müsse. Er reagierte sehr verständnisvoll, so wie er mir immer half, über meinen eigenen Schatten zu springen und den richtigen Weg für mich zu finden. Er bedrängte mich auch nicht, als ich mich für eine Weile zurückzog, um in Ruhe über das, was ich zwar gewollt, was mich aber trotzdem erschüttert hatte, nachzudenken. Nachdem wir eine Zeitlang nichts voneinander gehört hatten, bekam ich Sehnsucht nach ihm, die sich jetzt nicht mehr nur auf den freundschaftlichen Umgang bezog, sondern auch auf die gemeinsamen Zärtlichkeiten. Beim zweitenmal konnte ich mich ihm schon besser überlassen. Und schließlich wurde unsere Sexualität so schön, daß ich mich auf das Holzhäuschen im Taunus schon genauso sehr freute wie auf die Spaziergänge und die vielen Gespräche, die wir miteinander führten.»

Lisa erlebte mit Begeisterung, wie viele der Eigenschaften, die sie als junge Frau besaß und die im Laufe der Ehe in den Hintergrund geraten waren, nach und nach wieder zum Vorschein kamen. Ihre Eitelkeit zum Beispiel, ihr Sinn für gute Kleidung und nette Restaurants, die Lust auf eine neue Frisur oder auf die wohltuende Entspannung in der Sauna oder im Kosmetiksalon. Sie gestattete es sich, wieder großzügiger mit Geld umzugehen und nahm kleine und größere Geschenke von ihrem Geliebten an, ohne sich «gekauft, erpreßt oder gar gedemütigt zu fühlen; der Himmel hing wieder voller Geigen», so wie in der Zeit vor ihrer Ehe, als sie unbekümmert und «nonchalant» durchs Leben ging.

«Keine Spur mehr von den vielen Kopfschmerzen und Kreislaufbeschwerden, den Schwindelanfällen und Schlafstörungen, die mich vor meiner Bekanntschaft mit Georg geplagt hatten. Ich freute mich auf die zwei Tage in der Woche, an denen ich Georg traf und sogar... auf die Wochenenden mit meinem Mann. Zum erstenmal in meiner Ehe kam es mir sehr gelegen, daß mein Mann weder ein aufmerksamer Beobachter noch ein eifersüchtiger Mensch war. Er nahm mich erfreut in die Arme, wenn er nach Hause kam, bemerkte weder äußere Veränderungen noch meine ständig gute Laune und nicht einmal, wie sehr ich plötzlich wieder Interesse an unserer Sexualität zeigte, die immerhin schon am Einschlafen gewesen war. Ich hatte das Gefühl, daß ihm meine Aktivität durchaus entgegenkam. Er ging jedesmal darauf ein, genoß unser neuerwachtes Eheleben und machte sich anscheinend keinerlei Gedanken, was wohl die Ursache dafür sein könnte...»

Wenn es nach Lisa gegangen wäre, dann hätte ihre Liebesbeziehung mit Georg bis ans Ende ihrer Tage dauern können. Aber es waren ihr nur «fünf wunderbare und unvergeßliche Jahre» vergönnt, vor zwei Jahren starb Georg unerwartet und ganz plötzlich an Herzversagen. Lisa brauchte lange, um den Schock zu überwinden und sich an den Gedanken zu gewöhnen, den Geliebten für immer verloren zu haben. Am schlimmsten war, daß sie mit niemandem über ihren Schmerz reden konnte und ihn außerdem vor ihrem Mann verbergen mußte. Nur sehr langsam und allmählich wich die Trauer. Sie besuchte Seminare über «positives Denken» und sagte sich, schließlich sei weder ihr noch dem Toten geholfen, wenn sie ihre Tage auf dem Friedhof verbringe.

«Inzwischen betrachte ich es als ein Geschenk des Schicksals, Georg überhaupt begegnet zu sein. Ich zehre heute noch von dem, was er mir gegeben hat, und das wird für den Rest meiner Tage vorhalten. Da bin ich mir ganz sicher. Wenn ich jetzt so auf mein Leben zurückblicke, bin ich richtig stolz, mir diesen Ausflug aus der Ehe gegönnt zu haben. Früher hätte ich so etwas für Quatsch und vor allem für unmoralisch gehalten, aber heute würde ich vielen Frauen in meinem Alter eine solche Verbindung wünschen, weil sie mir selbst so viel Gutes brachte. Wir Frauen müssen nicht immer gleich mit einem schlechten Gewissen herumlaufen, wenn wir mal aus der Reihe tanzen.»

Frauen sollten sich nach Ende ihrer Fruchtbarkeit nicht dazu verdammt fühlen, auf Liebe und Sexualität zu verzichten. Fruchtbarkeit und erotische Attraktivität haben schließlich nichts miteinander zu tun – geschweige denn mit den sexuellen Bedürfnissen einer Frau. Die Frauen, die heute um die Fünfzig oder Sechzig sind, entstammen allerdings einer Generation, in der Ehe und Fortpflanzung den ihnen zugesprochenen Rahmen «sexueller Aktivität» bildeten. Weibliche Sexualität hatte ins Kinderkriegen zu münden, das heißt ihre Fruchtbarkeit stellte auch ihre «sexuelle Potenz» dar. Jenseits der Menopause muß aber ganz und gar nicht «jenseits der Träume»[23] bedeuten. Sicher wirkt die Macht der jahrhundertealten gesellschaftlichen Normen noch immer den Ausbruchsversuchen und einem entsprechenden Selbstverständnis einzelner Frauen entgegen. In der Werbung und in den Medien begegnet uns die Frau über fünfzig nach wie vor als geschlechtsneutrale Mutti, als Kaffee kochende Tante oder als strickende Oma, die im Kreise der munteren Enkel ihre Erfüllung findet. Erotik und Sexualität hingegen scheinen immer noch die Privilegien der Jugend zu sein und im Alter – allenfalls den Männern vorbehalten. Wenn ältere Frauen ihr Recht auf sexuelle Lust einfordern, dann sehen sie sich nicht selten der Verachtung und Lächerlichkeit preisgegeben. Die Zeiten ändern sich erst allmählich. Langsam, aber dennoch.

In den vergangenen Jahren sind eine Reihe von Publikationen erschienen, die den Mythos von der «geschlechtskalten» Frau jenseits der Wechseljahre erschüttern. So berichten in dem Buch «Verschwiegene Lust»[24] Frauen zwischen sechzig und fünfundachtzig Jahren von ihren erotischen Träumen und Sehnsüchten und von sexuellen Erfahrungen, die sie mit zunehmendem Alter manchmal sogar als beglückender und intensiver erleben als in ihrer Jugend. Daß es da längst nicht immer um den Ehemann geht, den sie mit zwanzig oder fünfundzwanzig Jahren geheiratet haben, liegt auf der Hand. Wer kann schließlich, wenn er ehrlich ist, von sich behaupten, dreißig, vierzig oder gar fünfzig Jahre lang immer wieder den Menschen zu begehren, mit dem er tagein, tagaus nicht nur dieselbe Wohnung, sondern auch noch ein einziges Bett teilt? «Wer sagt ... daß er dreißig Jahre lang gern mit demselben Partner schläft, der lügt»[25], meint Lotti Huber. Sie glaubt, daß eine Frau oder ein Mann im besten Alter die sexuellen Träume und Wünsche nicht nur mit dem eigenen Partner erfüllen kann, sondern sogar «fremdgehen MUSS»[26]. Was Männer, egal welchen Alters, ja bekanntlich längst tun;

Frauen hingegen weiterhin unterlassen (sollen), insbesondere dann, wenn sie «das beste Alter» hinter sich haben. So wie Lisa haben die meisten Frauen ihrer Altersgruppe – der Familie zuliebe – jahrzehntelang die eigenen Wünsche zurückgesteckt; und nicht selten nach der Kindererziehung noch die Pflege der Eltern (Schwiegereltern) übernommen, um dann als Fürsorgerin des Ehemanns den Lebensabend zu beschließen. Für die Verdrängung ihrer Bedürfnisse und Interessen zahlen viele von ihnen einen hohen Preis. Bei den einen meldet sich das nicht gelebte Leben in Form von diffusen Beschwerdesymptomen, für die Ärzte keine organischen Ursachen ausfindig machen können. Sie reagieren mit einer ganzen Palette von Gesundheitsstörungen, angefangen von Kopfschmerzen und Schwindelanfällen, über Angst- und Unruhegefühle bis hin zu gravierenden Schlafstörungen und Depressionen. Die anderen erleben spätestens dann, wenn die Kinder aus dem Haus sind, einen Zustand, den sie als «Nullpunkt» beschreiben. Wenn sie erkennen müssen, daß sie am Ende ihrer «Laufbahn» angelangt sind und es versäumt haben, sich von den Anforderungen der Familie abzugrenzen und eigene Lebenspläne zu entwerfen. Gesellt sich dazu noch eine unerfüllte oder längst verkümmerte Sexualität mit dem Ehepartner, dann kann diese Lebensphase auf direktem Weg in Resignation und Depression münden. Wohlgemerkt, die erotische Freundschaft mit einem anderen Mann ist kein Allheilmittel gegen körperliche und psychische Beschwerden. Sie *kann* aber, wie etwa bei Lisa, Impulse für Verhaltensänderungen geben und dazu verhelfen, eigene, längst verschüttet geglaubte Persönlichkeitsanteile wiederzuentdecken. Viele Frauen verdrängen im Laufe ihrer Ehe ihrem Mann zuliebe schließlich gerade diejenigen Eigenschaften, die er *vor* der Heirat am meisten an ihnen schätzte: zum Beispiel ihre Lebhaftigkeit, ihre temperamentvolle Art, ihre Neugierde oder ihre Gesprächs- und Kontaktfreudigkeit. Aber sie tun dies nicht freiwillig und oft eher unbewußt. «Männer ... verlieben sich in eine Frau, weil sie frech und unabhängig ist, und dann verbringen sie die nächsten zehn Jahre damit, ihr diese Eigenschaften auszutreiben», stellen Cheryl Benard und Edit Schlaffer in ihrem Buch «Laßt endlich die Männer in Ruhe»[27] fest. Weil ihre Sehnsucht, *geliebt zu werden*, größer ist als ihre *Eigenliebe*, passen Frauen sich den Wünschen ihrer Männer an. So verwandeln sich ehemals selbstbewußte, vor Charme und Lebenslust sprühende Frauen in unauffällige, zurückhaltende Gestalten. Ein Unterfangen, das sich einzig und allein gegen das Selbst der Frau richtet und darüber hinaus noch sein ursprüngliches Ziel verfehlt. Liebe kann man sich nicht *verdienen*, indem man Teile seiner Persönlichkeit für einen anderen Menschen aufgibt und sich derart verbiegt, daß man sich am Ende selbst nicht wiedererkennt. Entweder man wird vom Beziehungspartner geliebt und in seinem Wesen akzeptiert oder eben nicht. Das klingt einfach, und doch ist es für Frauen alles andere als leicht, *nicht* an sich herumzubasteln, um den Vorstellungen des Lebensgefährten besser zu entsprechen. Wenn sie nach jahrelanger Selbstverleugnung (und vor allem unbewußter Triebverleugnung) schließlich einem Mann begegnen, der sie gerade in ihrem Sosein schätzt, bejaht und bestärkt, warum sollten sie sich dann einmal mehr verleugnen und auf den Genuß einer solchen Beziehung verzichten?

Die Bedeutung der Sexualität in der zweiten Lebenshälfte ist in den letzten Jahren – wie gesagt – hervorgehoben worden. War sie den Frauen vergangener Generationen vor allem eine «eheliche Pflicht», die sie wohl oder übel meinten über sich ergehen lassen zu müssen, so gilt eine erfüllte Sexualität heute als wichtige Voraussetzung für körperliche und seelische Gesundheit. Mehr noch, Mediziner und Sexologen sehen in ihr einen wahren «Jungbrunnen», der vorzeitigen Alterserscheinungen und dem Austrocknen der Haut entgegenwirke. Warum manche Frauen noch weit über fünfzig eine bemerkenswert glatte Haut und einen straffen Körper haben, wird von Masters und Johnson zum Beispiel eindeutig auf befriedigenden, regelmäßigen Geschlechtsverkehr zurückgeführt. Ein- bis zweimal die Woche, über Jahre hinweg, raten sie und warnen: «Wer rastet, rostet.»[28] Die amerikanische Autorin Gail Sheehy, die sich mit der typischen Midlife-crisis von Frauen und Männern beschäftigte, hat beobachtet, daß eine ganze Reihe von Frauen aus der Menopause mit einem «postklimakterischen Lebenshunger» hervorgeht. «Haben sich die Sorgen der Schwangerschaft, zusammen mit der Notwendigkeit des Tampons und der Empfängnisverhütung von selbst gegeben, erleben viele gesunde Frauen häufig ein Wiedererwachen ihrer sexuellen Bedürfnisse und begeistern sich für neue Richtungen, in die sie ihre schöpferischen Kräfte lenken können.»[29] Solche Beobachtungen machen Mut und lassen hoffen, daß mehr und mehr Frauen jenseits der Wechseljahre sich ihrer erotischen Wünsche bewußt werden und sie in ihr Leben integrieren, statt sich mit den gängigen Ersatzbefriedigungen in Cafés und Konditoreien abspeisen zu lassen.

Bettina ist 38 und macht sich über ihr Leben nach der Menopause derzeit noch keine Gedanken. Sie betont, ihr sei die Sexualität sehr wichtig und sie werde «auch im Alter bestimmt nicht freiwillig darauf verzichten». Sie bezeichnet sich selbst als eine Frau mit «einem unheimlichen Trieb». Mit «unheimlich» meint sie, daß sie gern mit einem Mann schläft und die sexuelle Begegnung intensiv genießen kann. Bettina arbeitet als Kosmetikerin und lebt seit gut zehn Jahren mit einem Taxifahrer zusammen. Die ersten fünf, sechs Jahre lief in ihrer Zweierbeziehung «alles bestens». Bis sie eines Tages «aus heiterem Himmel» Angstzustände und eine starke Klaustrophobie entwickelte. Sie konnte sich nicht mehr allein in geschlossenen Räumen aufhalten, keine Fahrstühle und keine öffentlichen Verkehrsmittel mehr benutzen und bekam Herzrasen und Schwindelanfälle, wenn sie ein Café, ein Kino oder ein Kaufhaus betrat. Nachdem ihr Arzt keine organische Erkrankung für ihre Beschwerden diagnostizieren konnte, riet er ihr zu einer Gesprächstherapie bei einem Psychologen. Im Laufe der zweijährigen Psychotherapie stellte sich heraus, Bettina litt tatsächlich an Luftmangel – nicht in den Atmungsorganen, sondern in ihrem häuslichen Umfeld bei ihrem Lebensgefährten.

«Ich hab mich lange gegen die Einsicht gesträubt, daß Winfried ein sehr dominanter Typ ist, der eigentlich immer bestimmte, wo's langging. Er legte fest, was wir an den Wochenenden oder im Urlaub machten, wen wir wann zu uns nach Hause einluden und natürlich auch, was im Bett angesagt war. Wahrscheinlich hat mir das in den ersten Jahren unserer Beziehung so gut gefallen, weil mein Vater eher lasch und unentschlossen war und ich mich eigentlich immer nach einem starken Mann gesehnt hatte. Zum anderen war ich beruflich ziemlich gefordert und fand es deshalb ganz entlastend, wenn Winfried sich vorrangig um die Kontakte mit unseren Freunden und um unsere Freizeitgestaltung kümmerte. Irgendwann merkte ich allerdings, wie sehr doch die lästigen und unangenehmen Alltagsdinge – Einkaufen, Kochen, Waschen usw. – dabei an mir hängenblieben, während er sich fast nur um die interessanten Dinge des Lebens kümmerte.»

Als Bettina die ungerechte Arbeitsteilung bewußt wurde, drängte sie auf Veränderung. Auf den Rat ihres Psychologen setzte sie sich mit ihrem Freund zusammen, um eine gerechte Aufgabenverteilung auszuhandeln. Ein Vorhaben, das in der Regel bei einem Mann nach wie vor auf wenig Gegenliebe stößt. Auch Bettinas Lebenspartner reagierte nicht gerade erfreut, als sich ihm eine Zukunftsperspektive eröffnete, auf die er weder in seiner Jugend noch in den ersten Jahren seiner Beziehung mit Bettina vorbereitet worden war. Er zeigte sich jedoch einsichtig und bereit, künftig seinen Anteil an der Hausarbeit zu übernehmen. Allerdings um einen hohen Preis. Während beide in den ersten Jahren «oft und gern» miteinander schliefen, verlor Bettinas Freund nach den Neuerungen, die sie durchgesetzt hatte, zunehmend das Interesse am Sex. Bettina, die nicht zuletzt aufgrund der Veränderungen und der Entlastung von unangenehmen Haushaltsaufgaben geradezu aufblühte und immer häufiger in der

Sexualität die Initiative ergriff, konnte es nicht fassen. Ihr Freund, der stets vor Vitalität und Energie gestrotzt hatte, schien plötzlich an einem unerklärlichen Erschöpfungssyndrom zu leiden. Er sank abends mit einem Seufzer ins Bett, drückte ihr einen matten Gute-Nacht-Kuß auf die Stirn, zog die Decke über die Ohren... und schlief ein.

«Ich war völlig vor den Kopf gestoßen; daß Winfried einmal zu müde sein könnte, um mit mir zu schlafen, hätte ich nie für möglich gehalten. Früher hatte er immer Lust, egal zu welcher Tages- und Nachtzeit. Sexualität gehörte genauso zu unserer Beziehung wie alles andere, so selbstverständlich wie essen, trinken und schlafen. Erst jetzt, als es mir mit einemmal so oft entzogen wurde, merkte ich, was mir fehlte – etwas, das mir Kraft und Energie für die Arbeit gab und dem ich einen Großteil meiner guten Laune verdankte. Ich versuchte mit allen Mitteln herauszufinden, was denn eigentlich mit Winfried los war. Er hatte doch ebensoviel Spaß daran gehabt wie ich, und es mußte ihm doch nun genauso sehr fehlen wie mir. Aber anscheinend war dem nicht so. Höchstens alle acht oder vierzehn Tage ließ er sich dazu überreden, mit mir zu schlafen. Tagsüber schien er freundlich und hilfsbereit und außerdem mit den meisten meiner Vorschläge einverstanden. Alles wäre in bester Ordnung gewesen, wenn er mir nicht sexuell die kalte Schulter gezeigt hätte.»

Bettinas Beschreibungen von Winfried decken sich ziemlich genau mit dem Bild, das Sigrid Steinbrecher vom «modernen Macho» zeichnet. Sie meint damit jene Männer, die rational die Forderungen ihrer Partnerin anerkennen und sich emanzipiert und einsichtig zeigen, sie dafür jedoch mit *emotionalem Rückzug* strafen. Ganz offensichtlich also eine Fortsetzung der alten Machtverhältnisse – im neuen Gewand. «Der Mann zeigt sich verständnisvoll, gesprächsbereit, nachsichtig, gefühlvoll. Die Attitüde dabei ist jedoch bei genauerem Hinsehen die des nach wie vor Mächtigen, der sich zunächst den äußeren Anforderungen der neuen Situation mit Kalkül unterordnet – um am Ende desto wirkungsvoller wieder auf der Bildfläche zu erscheinen.»[30] Nach den Beobachtungen der Psychotherapeutin flüchten Männer dabei zunehmend in die sexuelle Verweigerung. Besonders dann, wenn sich ihre Partnerin offen zu ihrer Lust bekennt und häufig von sich aus aktiv wird. «Die Lust der Frau hat für den Mann den Charakter einer Aufforderung, und auf Aufforderungen geht er in der Regel *nicht* ein ... Der nicht erigierte Penis ist ein Symbol für den beleidigten Rückzug des Mannes und seinen Versuch, der Frau die patriarchalen Regeln wieder aufzuzwingen.»[31] Eine Methode, die in vielen Fällen ihren Zweck nicht verfehlen dürfte. Verkraften Frauen es doch bekanntlich nur sehr schwer, wenn der Mann, mit dem sie ihr Leben teilen, ihr seine Zuwendung entzieht und sie am ausgestreckten Arm verhungern läßt. Kaum etwas bringt Frauen derartig aus der Fassung wie das Gefühl (und die Angst), vom Lebenspartner nicht mehr geliebt oder begehrt zu werden. Sie stellen ihr Wesen und ihr Aussehen in Frage, suchen und finden schließlich bei sich selbst die «Schuld», wenn das erotische Interesse ihres Mannes zu erkalten beginnt. Es sind die ersten Falten und grauen Haare, die als langweilig eingestufte Kleidung, oder es ist gar die Befürchtung, IHN zu vernachlässigen, weil sie vielleicht selbstbewußter geworden sind und neben seinem ab und zu auch mal das eigene Wohl ins Auge fassen. Nur wenige Frauen sind in der Lage, das sexuelle Desinteresse ihres Lebenspartners als *sein* und nicht als ihr Problem zu begreifen. Jedenfalls solange er sich, wie Winfried, konstant weigert, mit der Lebenspartnerin darüber zu sprechen. Bettina ließ sich durch den sexuellen Rückzug ihres Freundes offenbar nur eine Zeitlang verunsichern. Als alle Versuche scheiterten, zusammen mit ihm die Ursache für sein mangelndes erotisches Interesse herauszufinden, warf sie die Flinte ins Korn und versuchte ihr Glück woanders.

«Es war so ein Gemisch aus Wut und Enttäuschung, aber auch Neugier, das mich vor drei Jahren auf die Piste trieb. Ich wollte einmal meine Wirkung auf die Männerwelt testen. Und die war viel größer, als ich für möglich gehalten hätte.»

Bettina ging von nun an öfter allein oder mit einer Freundin zum Tanzen. Meistens dann, wenn ihr Mann Nachtdienst hatte und es nicht bemerkte, daß sie erst spät abends nach Hause kam. Eines Abends lernte sie schließlich einen Mann kennen, mit dem sie nun seit über zwei Jahren eine heftige Liebesaffäre hat.

«Er sah schon von weitem gut aus, ein großer, dunkler Typ mit Vollbart – genau mein Fall. Ich hab ihn zum Tanzen aufgefordert, obwohl mir die Knie schlotterten, als ich quer durch den Raum auf ihn zuging. Er tanzte phantastisch, sah aus der Nähe noch besser aus als aus der Ferne, lachte und scherzte viel, so daß ich mich eigentlich schon in ihn verliebt hatte, noch ehe es mir richtig bewußt wurde. Wenige Wochen später war ich das erste Mal mit ihm zusammen – im Auto nach dem Tanzen. Und seitdem können wir nicht mehr voneinander lassen. Wir treffen uns zweimal die Woche, immer dann, wenn mein Mann Nachtschicht hat, gehen zusammen essen, tanzen oder gleich zu mir nach Hause. Anfangs hatte ich wahnsinnige Angst, mein Mann könnte urplötzlich mal in der Wohnung auftauchen, aber das war in all den Jahren noch nie der Fall. Sicherheitshalber lasse ich aber den Schlüssel von innen stecken, so daß mein Freund – im Falle eines Falles – noch schnell durch den Garten türmen könnte. Am schönsten ist es, wenn ich geschäftlich unterwegs bin und Frank mich begleiten kann. Neulich mußte ich zwei Tage nach Berlin, und er konnte sich unter irgendeinem Vorwand von seiner Familie freimachen und mitkommen. Die zwei Nächte im Hotel hab ich wahnsinnig genossen. Es war alles so unbelastet und entspannt, daß wir in der kurzen Zeit sage und schreibe achtmal miteinander geschlafen haben. Fast die ganze Nacht durch, und trotzdem ging ich am anderen Tag ohne jede Müdigkeit in meine Besprechung. Mir ist völlig klar, daß ich mit Frank die Sexualität lebe, die ich bei Winfried seit einigen Jahren vermisse. Trotzdem ist es kein reines Bumsverhältnis. Wir reden viel miteinander, über unseren Beruf und auch über unsere Beziehungen. Aber leben wollte ich mit Frank nie und nimmer. Weil ich sicher bin, daß er ein Lebemann ist, der seine Frau bestimmt ab und zu auch noch mit anderen betrügt, auch wenn er das immer bestreitet. Darüber hinaus will ich mich von Winfried nicht trennen. Außer unserer Sexualität, die auf Sparflamme läuft, verstehe ich mich ja sehr gut mit ihm. Ich bin gern mit ihm zusammen und kann mit ihm – bis auf unsere sexuellen Probleme – über absolut alles reden und ihm alles anvertrauen. Natürlich nicht die Geschichte mit Frank, weil ihn das mit Sicherheit trotz allem verletzen würde. Und ich habe nicht die Absicht, ihm weh zu tun. Manchmal denke ich, daß eine Paartherapie das Beste für uns wäre, um auch in der Sexualität wieder zueinanderzufinden. Aber auf dem Ohr ist Winfried taub. Da ist nichts zu machen. Das ist zwar einerseits schade, andererseits muß ich mir so wegen der heimlichen Treffen mit Frank kein schlechtes Gewissen machen. Wenn ich gut drauf bin, sag ich mir, du hast eben zwei Männer. Was soll's? Vielleicht kann einem einer allein sowieso nicht alles geben.»

Ich werde aus Bettina nicht ganz schlau. Einerseits wirkt sie forsch, selbstbewußt und entschlossen, sich das, was sie haben möchte, auch zu nehmen. Und zwar da, wo sie es bekommt. Sie läßt sich nicht unterkriegen, ist nicht bereit, Verzicht zu leisten und steht zu ihren sexuellen Bedürfnissen. Andererseits schwingen in Bettinas Tonfall manchmal Trotz und Resignation mit, so daß ich mich frage, ob sie nicht die Not zur Tugend erklärt und sich mit einer Scheinlösung zufriedengibt. Eine Hypothese, die sie selbst weit von sich weist. Sie betont statt dessen, daß sie ihrem Leben mit zwei Männern immer mehr positive Seiten abgewinne und es zunehmend als Bereicherung empfinde. Indem sie ihre Bedürfnisse jetzt auf zwei verteile, würden alle befriedigt, ohne daß sie «groß darum kämpfen» müsse. Winfried sei jetzt eben in erster Linie ihr Freund und Kumpel, ihr Liebhaber dagegen «ein Mann für gewisse Stunden», einer, mit dem sie sich «im Bett unheimlich gut versteht» und den sie sich einfach «zusätzlich gönnen will».

Als ich noch einmal nachhake und wissen möchte, ob sie ihr Doppelleben und die vielen Heimlichkeiten, die sie vor ihrem Lebensgefährten hat, nicht auch als belastend empfinde, schüttelt Bettina den Kopf und antwortet mit einem klaren Nein. Sie ist absolut sicher, alles getan zu haben, um die sexuelle Beziehung mit Winfried positiv zu verändern. Nach Bettinas Überzeugung muß jetzt ihr Lebenspartner aktiv werden und deutlich machen, daß er zu einer Auseinandersetzung über sein mangelndes sexuelles Interesse an ihr bereit ist. Solange er das nicht tue, hole sie sich «ohne jedes Schuldgefühl» von einem anderen das, was ihr zu Hause nur noch spärlich gewährt wird. Daß sie eine Klärung ihrer Beziehungsprobleme vielleicht beschleunigen könnte, wenn sie offen mit Winfried über ihr Liebesverhältnis mit einem anderen Mann spräche, diesen Einwand läßt Bettina nicht gelten. Vielleicht weil sie inzwischen selber gar nicht mehr so sehr daran interessiert ist, ihre Sexualität mit Winfried wiederaufleben zu lassen.

Sicher ist nur, daß Frauen wie Bettina die herrschenden Moralvorstellungen überwinden. Nach denen hat sich eine «anständige Frau» nicht nur mit einem Mann zu begnügen, sondern darüber hinaus auch ein Auge zuzudrücken, wenn es diesen gelegentlich übermannt und er sich in fremden Betten wiederfindet. *Männer sind nun einmal so*, diese Auffassung hält sich hartnäckig und wird im übrigen von zahllosen Forscherteams immer wieder in Variationen repetiert. So verweist etwa die amerikanische Autorin Carol Botwin in ihrem Buch «Männer, die nicht treu sein können»[32], auf jüngere Forschungsergebnisse von R. P. Michael und D. Zumpe. Die beiden Wissenschaftler haben das Paarungsverhalten von Rhesusaffen untersucht und daraus Rückschlüsse gezogen auf den Hang von Männern zu sexueller Abwechslung. Sie hatten ein Affenmännchen über dreieinhalb Jahre mit demselben Affenweibchen eingesperrt. Mit jedem Jahr nahm die Häufigkeit der sexuellen Kontakte zwischen beiden ab. Als das männliche Tier anschließend eine neue Gefährtin bekam, stieg die

Kopulationsquote drastisch an. Experimente mit Nagetieren und Hunden sollen zu ähnlichen Ergebnissen geführt haben.[33] Bezeichnenderweise (!) erfahren wir nicht, ob sich das erste Affen*weibchen* mit einem neuen Partner nicht auch kontaktfreudiger zeigte als mit dem alten. Was aber noch interessanter ist, sind die Feststellungen, die Carol Botwin auf Basis der Tierversuche trifft: «Aus den Experimenten mit Primaten und Nagetieren kann nicht *mit Sicherheit* (Hervorhebung I. F.) geschlossen werden, daß das Bedürfnis nach Abwechslung (das zu Untreue führt) männlichen Wesen angeboren ist, während es in der Natur der Frauen liegt, eher bei dem zu bleiben, der ihnen vertraut ist (was monogames Verhalten verstärkt).»[34] Nicht mit Sicherheit – aber es scheint nach Überzeugung der Autorin immerhin mit hoher Wahrscheinlichkeit nicht nur kulturell, sondern auch biologisch bedingte Unterschiede im männlichen und weiblichen Treue-Verhalten zu geben. Carol Botwin rekurriert noch auf ein anderes, diesmal mit Menschen durchgeführtes Experiment, das nach ihrer Einschätzung eindeutiger als die genannten Tierversuche auf einen angeborenen Unterschied der Geschlechter im Hinblick auf Untreue verweise. Es geht um Untersuchungen über die sexuelle Erregbarkeit, die Forscher des Psychologischen Instituts der Universität von New York 1986 mit Frauen und Männern durchführten. Beide Gruppen reagierten auf die wiederholte Vorführung ein und desselben erotischen Films mit nachlassender sexueller Erregung. Unterschiedliche Reaktionen gab es hingegen, als in zwei neuen Filmen andere erotische Szenen gezeigt wurden. In einem der beiden neuen Filme spielten dieselben Schauspieler wie im ersten Filmmaterial, der andere dagegen war mit neuen Schauspielern besetzt. Offensichtlich reagierten die Männer mit stärkerer Erregung auf die *neuen* (Hervorhebungen von C. B.) Partner, während die Frauen sich stärker bei den inzwischen *vertrauten* Schauspielern erregten.[35] Auch wenn das Experiment diese deutlich voneinander abweichenden Reaktionen der weiblichen und männlichen Testpersonen zutage förderte, ist es ein kühnes Unterfangen, daraus auf angeborene monogame und polygame Neigungen der Geschlechter zu schließen. Die Gründe, weshalb Frauen erotisch stärker auf vertraute als auf fremde Personen reagieren (wenn sich das überhaupt sagen läßt), dürften dann vielmehr in den weiblichen Sozialisationsbedingungen liegen. Schließlich lernen Mädchen schon von Kindesbeinen an, ihr Interesse vornehmlich auf Bindung und Identifikation zu richten, das der Jungen hingegen wird vorrangig auf ausgeprägte Identität, Abwechslung und Abenteuer gelenkt.

Bettina gibt sich nicht mit den drei oder vier sexuellen Begegnungen zufrieden, zu denen ihr Mann im Laufe eines Monats bereit ist. Sie holt sich von einem «Nebenmann» genau das, was der «Hauptmann» nur noch ab und zu gewährt. Damit weicht sie auch von dem Rollenbild ab, das nach wie vor von den Medien transportiert wird. Dort treten uns Frauen vorrangig als *Beziehungsarbeiterinnen* entgegen, die stets damit beschäftigt sind, wie sie ihre Partner bei Laune halten oder wieder auf Touren bringen können. In Frauenzeitschriften, aber auch aus der Tagespresse erfahren wir, was wir tun müssen, damit er nicht das Interesse an uns verliert. Und wenn wir trotz pausenloser Anstrengungen, trotz Diäten, Anti-Falten-Cremes oder ständiger Zurücknahme nicht verhindern können, daß er dem Charme einer anderen erliegt, dann lehren uns Beziehungsratgeber, wie wir mit untreuen Männern leben können, ohne zu leiden.

Einige Psychologinnen, mit denen ich gesprochen habe, melden Zweifel an, ob eine Liebesaffäre Frauen tatsächlich guttut und zur Lösung von Beziehungsschwierigkeiten beitragen kann. Sie gehen davon aus, daß Paarprobleme – egal ob mit oder ohne therapeutische Unterstützung – entweder bewältigt werden müssen oder aber zur Trennung führen, wenn zwischen den Beziehungspartnern keine Verständigung mehr erzielt werden kann. Daß eine therapeutische Beratung, wenn sie von *beiden* gewünscht wird, eine erfolgreiche Hilfestellung geben kann, ist unbestritten. Trotzdem bleibt es fraglich, ob es für alle Konflikte innerhalb einer Partnerschaft Lösungen gibt und ob sich sämtliche Probleme therapieren oder überhaupt in allen Fällen gemeinsam bewältigen lassen. Möglicherweise hat sich eine Beziehung auch einfach erschöpft, die Partner haben sich auseinanderentwickelt und könnten sich auch einvernehmlich trennen, wenn dieser Schritt nun nicht plötzlich Ängste (verschiedenster Provenienz) wecken würde. Und schließlich gibt es in langjährigen Partnerschaften auch Phasen, in denen der eine oder andere verstärkt eigene Wege geht, die unter bestimmten Umständen eine Außenbeziehung einschließen können. So kommt es nach den Beobachtungen des Paartherapeuten Michael Cöllen besonders in der Lebensmitte zu Enttäuschungen, Resignation oder Gefühlen der Ausweglosigkeit, die oft in Affären oder in Seitenbeziehungen münden.[36] Ein Phänomen, das die US-amerikanische Psychologin Sandra C. Finzi sogar für unausweichlich hält: «Meines Erachtens ist außereheliche Sexualität in den mittleren Lebensjahren sowenig vermeidlich wie Sexualität in den Jugendjahren. Wollen wir sie ... weiterhin abstreiten und ignorieren, vergraben wie Atommüll? Können wir weiterhin Empfehlungen benützen, wie sie zur Jahrhundertwende in bezug auf die Jugendsexualität en vogue waren – kalt duschen und beten? Oder können wir es uns erlauben, zuzugeben, daß der ... ‹Dämon›, für jene, die ihn sehen wollen, überall vorhanden ist und daß er andererseits möglicherweise weit harmloser ist, als wir es uns einbilden? Muß man denn bei einem Ehebruch immer gleich das Schlimmste befürchten und auch mit von Neid gefärbter Vehemenz darüber reden und diskutieren?»[37] Die Psychologin rät zu mehr Gelassenheit, wenn in der Lebensmitte einer der beiden Partner einen erotischen Höhenflug oder ein romantisches Liebesabenteuer außerhalb der Dauerbeziehung erlebt. Sie glaubt, wir können eine «entspanntere Haltung» gegenüber außerehelichen Erfahrungen *lernen*. Und für unsere Partnerschaften sei dies wesentlich förderlicher als die sich instinktiv aufdrängenden Verrats- und Rachegefühle oder andere zerstörerische Impulse.

Bei Männern, die die in der Dauerbeziehung verlorengegangene Leidenschaft mit einer anderen Frau wiederzubeleben versuchen, wird die gelassenere Haltung schon recht lange eingeübt. Relativ nachsichtig begegnet die öffentliche Meinung auch prominenten Frauen wie Schauspielerinnen, Sängerinnen und überhaupt Künstlerinnen, die sich ungeniert dazu bekennen, mehr als nur einen Mann zu lieben. Ihnen wird eine Art von «Narrenfreiheit» zugebilligt, die der Frau von nebenan nicht zusteht. Eine «Normalfrau» hat sich den gesellschaftlichen Normen entsprechend zu verhalten. Ob sie damit glücklich wird oder nicht. Schließlich, so heißt es immer wieder, könnten sich Frauen heute relativ problemlos vom Ehemann trennen, wenn der ihnen das Leben zur Hölle mache, sich als Langweiler oder Sexmuffel entpuppe oder sonstige Eigenschaften offenbare, die sich mit den Vorstellungen seiner Partnerin nicht (mehr) vereinbaren ließen. Während die geschiedene Frau inzwischen gesellschaftlich akzeptiert ist, wird die «Ehebrecherin», die sich öffentlich zu ihrer Lust auf mehrere Männer bekennt, Zielscheibe übler Diffamierungen. So mußte sich die österreichische Drehbuchautorin Joe Harriet in der Fernsehsendung «Der heiße Stuhl» vom 7. Januar 1992 wegen ihrer These, daß gelegentliche «Seitensprünge» einer Frau ganz guttäten, von männlichen und weiblichen Diskussionsteilnehmern gezielte Schläge unter die Gürtellinie gefallen lassen. Während die einen ihr einen einzigen, aber richtigen (!) «Kerl» empfahlen, der sie «jeden Abend ordentlich herannähme», so daß ihr die Lust auf Seitensprünge von selbst verginge, verstiegen sich die anderen zu düsteren Prophezeiungen für ihren Lebensabend. Depressionen und Melancholie, so ihre Drohungen (!), könnten die Altersfolgen eines «lockeren Lebenswandels» und einer «allzu sinnenfreudigen Existenz» sein. Diese – aus dem Munde von Wissenschaftlern stammenden – Äußerungen klingen grotesk und zeugen allenfalls von einem tief verinnerlichten Bedürfnis nach Selbtbestrafung (für allzu große Freuden ohne Reue). Immerhin gehen Mediziner und Psychologen, wie schon erwähnt, längst vom Gegenteil aus. Nicht Triebverzicht, sondern ein erfülltes Liebesleben gilt als wichtige Prophylaxe körperlicher und seelischer Erkrankungen. Bei den in mittleren und älteren Jahren an Depressionen erkrankten Frauen dürfte es sich folglich eher um die Überangepaßten handeln, die ihr eigenes Leben zugunsten von Mann und Kind aufgaben, als um die sinnenfrohen und sexuell aktiven Frauen, die ihrer Lebenslust ungebremsten Lauf lassen bzw. ließen. Daß im übrigen kein Mann, der öffentlich zu seinen Liebschaften steht, eine «Domina» empfohlen oder derartige Unverschämtheiten und absurde Warnungen vor psychischen Erkrankungen zu hören bekäme, muß nicht erwähnt werden.

Ob ein Mann allein einer Frau alles zu geben vermag, diese Frage kann nicht allgemeingültig, sondern nur von jeder einzelnen Frau selbst beantwortet werden. Sabine ist 43, von Beruf Journalistin, seit siebzehn Jahren mit einem Architekten verheiratet und Mutter einer fünfzehnjährigen Tochter. Seit gut einem Jahr hat sie eine Liebesaffäre mit einem Fotografen. Bevor Sabine auf ihr Liebesverhältnis zu sprechen kommt, findet sie viele lobende Worte für ihren Ehemann, einen Mann, der anscheinend durch nichts und niemanden zu übertreffen ist. Ein Ausbund an Liebenswürdigkeit, an Zuverlässigkeit, Klugheit, Humor und Attraktivität. Nur langsam sickert durch, was Sabine an ihrem Mann stört: seine Arbeitswut, die ihn an vielen Abenden und Wochenenden ins Büro treibt, und die Tatsache, daß er in den letzten Jahren im Bett zunehmend «einfallslos und träge» geworden sei. Sabine scheint meine Gedanken zu erraten, schaut mich mit ihren grauen Augen durchdringend an, streicht eine schwarze Locke aus dem Gesicht und schüttelt den Kopf. Nein, ihr Mann habe bestimmt kein heimliches Verhältnis. Das hätte sie mit Sicherheit längst gespürt. Sie hoffe allerdings, daß er «weniger Spürsinn» habe als sie und auch in Zukunft nichts von ihrer Liebesaffäre bemerke.

«Vergangenes Jahr bekam ich von einer der Zeitschriften, für die ich arbeite, einen spannenden Auftrag zu Lissabon. Ich sollte eine Reportage über das Leben in der Altstadt schreiben und mit einem Fotografen, mit dem ich bislang noch nicht zusammengearbeitet hatte, einige Tage durch die Alfama streifen. Bald darauf lernte ich ihn in der Redaktion kennen: Leo – ein gutgebauter, sportlicher Enddreißiger, groß, mit dunkelblonden Locken und dunkelblauen Augen. Wir kamen mühelos miteinander ins Gespräch, erzählten von unserer Arbeit, und schon nach dem ersten Gespräch fand ich die Vorstellung durchaus angenehm, mit diesem sympathischen, gutaussehenden Kerl durch die Altstadt von Lissabon zu ziehen und abends in kleinen Restaurants zusammen zu essen. Wenn er mir in die Augen sah und mich verschmitzt anlächelte, spürte ich ein wohliges Kribbeln in der Magengegend. Irgendwie fühlte ich mich spontan zu ihm hingezogen, aber alles, was mir durch den Kopf geisterte, war Lust auf einen kleinen belebenden Flirt, keinesfalls auf ein erotisches Abenteuer. Daß es in der Nacht vor unserem Rückflug dann doch passierte, konnte ich mir anfangs nur mit der außergewöhnlichen Situation erklären, in der wir uns befanden: das romantische kleine Hotel mit Blick auf den Hafen, die strahlende Märzsonne, die uns tagelang verwöhnte und unserer Arbeit entgegenkam ... Die Leute in den Geschäften und auf den Märkten waren freundlich und gaben bereitwillig über ihr Leben Auskunft. Leo freute sich über die idealen Lichtverhältnisse, ging pfeifend und bester Laune neben mir durch die Stadt. Am letzten Abend feierten wir den gelungenen Aufenthalt in einem kleinen Fischlokal am Hafen und schlenderten anschließend weinselig Arm in Arm zu unserem Hotel zurück. Die Nacht, die ich dann mit Leo verbrachte, war umwerfend. Ich hatte seit langem vergessen, wie es ist, derartig scharf auf einen Mann zu sein und solch eine Riesenlust zu spüren. Mit Gerd ist längst alles eingespielt und geht seinen zwar liebevollen und vertrauten, aber eben auch sehr gemächlichen Gang. Mit Leo hab ich die Sexualität als etwas ungeheuer Kraftvolles, Entfesseltes, ja Animalisches erlebt. Etwas, das aus irgendwelchen Urtiefen meines Bauches und weniger aus dem Herzen kommt. Das hat mich zwar ungemein fasziniert, gleichzeitig aber auch dermaßen erschreckt, daß ich es auf keinen Fall wiederholen wollte. Einen einmaligen Seitensprung konnte ich mir auch verzeihen, weil Gerd und ich vor vielen Jahren einmal vereinbart hatten, daß wir uns einen eventuellen, unbedeutenden Ausrutscher nicht zwangsläufig wechselseitig auf die Nase binden müßten.»

Sabine hielt sich an die Absprache mit ihrem Mann. Mit Leo, der ebenfalls in einer festen Beziehung lebte, kam sie überein, die intensive sexuelle Begegnung in «einer Super-Erinnerung zu bewahren» und es dabei zu belassen. Einige Wochen lang versuchte sie, ihre Liaison in Lissabon zu vergessen. Sie stürzte sich gleichermaßen in ihre Arbeit und ins Familienleben und versuchte darüber hinaus, die in der Beziehung mit ihrem Mann verlorengegangene Leidenschaft wiederzubeleben. Sie kaufte sich erotische Unterwäsche und neue Kleider, arrangierte Diners zu zweit in seinen Lieblingsrestaurants und wunderte sich, daß er das Ganze zwar wohlwollend-erstaunt zur Kenntnis nahm, aber trotz der enganliegenden schwarzen Kleider und manch edler Tropfen beim Franzosen oder Italiener nicht mit hemmungsloser Lust über sie herfiel. Auch ihr eigenes Begehren hielt sich bei Gerd in Grenzen und erreichte nicht annähernd den Rausch und die Ekstase, in die Leo sie in Lissabon versetzt hatte.

«Als Leo mich nach ungefähr sechs Wochen entgegen unserer Abmachung im Büro anrief und mir vorschlug, ob wir nicht doch, sozusagen als «alte Freunde», noch einmal miteinander essen gehen sollten, bekam ich rasendes Herzklopfen. Ich hielt mich krampfhaft am Hörer fest, während er mir scheinbar fröhlich-unbekümmert mehrere Terminvorschläge machte. In meinem Kopf hämmerte ein entschiedenes Nein, mein Bauch hingegen sagte ja. Ich redete mir ein, es wäre albern, wenn ich ihn nicht treffen würde, denn schließlich seien wir erwachsene Menschen und Herr unserer Sinne. Aber es kam anders als geplant. Wir verabredeten uns einige Tage später in einem kleinen Bistro, brachten nur mühsam einen Salat hinunter und fuhren anschließend auf geradem Weg in ein Hotel. All das, was mir mit Gerd einfach nicht mehr gelang, kam mit einem Schlag wieder: grenzenlose Lust und unbändiges, heftiges Verlangen. Als wir danach noch eine Weile zusammenlagen, sagte Leo, daß es ihm ähnlich gehe; daß er mit seiner Freundin seit sechs Jahren eine gute Beziehung habe, in der jeder für den anderen durch dick und dünn gehe; daß sie einander sehr vertraut, aber inzwischen mehr gute Kumpels als leidenschaftliche Liebespartner seien; daß sie oft liebevoll aneinandergekuschelt einschliefen und das Feuer der ersten Jahre nur noch ab und zu einmal aufflackere. Sexualität fand, wie bei Gerd und mir, hauptsächlich am Wochenende statt, war schön und vertraut, aber riß einen eben längst nicht mehr so mit wie früher.»

Verhältnisse, die viele meiner Gesprächspartnerinnen ganz ähnlich erlebten. Oft ließ die leidenschaftliche Liebe der Anfangsphase nach einer gewissen Zeit des Zusammenlebens nach. Gefühle wie Zärtlichkeit, Vertrautheit und Zusammengehörigkeit gewannen dabei an Bedeutung. Sie schließen Sexualität und Erotik zwar nicht aus, aber die nehmen dann häufig nicht mehr den gleichen hohen Stellenwert ein wie in den ersten Jahren. Ob die Liebe in einer langjährigen Beziehung ihre Gestalt *zwangsläufig* ändern und heftiges Begehren unausweichlich starker Verbundenheit Platz machen muß, das sei dahingestellt. Die meisten Frauen, mit denen ich sprach, sehnten sich zwar (ursprünglich) danach, alle Gefühle mit einem einzigen Partner zu erleben. Mit einem, der sozusagen als Idealmischung den Liebhaber, Freund und Kumpel in sich vereint. Doch ihr Wunsch scheiterte offenbar am mangelnden Angebot solch außergewöhnlicher Exemplare. In den meisten Fällen füllte der Partner nach einer gewissen Zeit des Zusammenlebens nur noch eine dieser Rollen aus. Oft verwandelte er sich, so wie Sabines Mann, nach den ersten Jahren des Zusammenlebens in einen guten Freund und Vertrauten. Begehren, Leidenschaft und starkes sexuelles Verlangen blieben in diesen Beziehungen entsprechend auf der Strecke.

«Nach dem zweitenmal mit Leo fühlte ich mich ziemlich mies, weil ich ihn viel stärker als Gerd begehrte. Aber auf der anderen Seite war es so ein Supergefühl, dieses heftige Verlangen überhaupt wieder zu spüren. Ich fand es einfach berauschend, so stark von einem Mann angezogen zu sein. Damals wünschte ich mir, diese Gefühle auszuleben und sie nicht künstlich zu verdrängen. Allzulange, so beruhigte ich mich, würde das sowieso nicht dauern. Ich gab uns höchstens ein halbes Jahr, Leo redete lachend von zwei oder drei Jahren. Im Moment spricht einiges dafür, daß er wohl recht behalten wird. Wenn ich manchmal über mich und mein Leben nachdenke, will mir immer noch nicht in den Kopf, was ich da mache. Früher hätte ich es nie für möglich gehalten, daß ich eines Tages einen Mann «nur für das eine» treffen würde. Obwohl es so ja auch wieder nicht stimmt. Zum einen mag ich Leo auch als Person, seinen Charme, seinen Witz und seine Leichtigkeit. Zum anderen hat die große Lust, die ich in der Sexualität mit ihm erlebe, auch Rückwirkungen auf mein übriges Leben. Durch die Begegnungen mit ihm bin ich freier und toleranter geworden. Ich empfinde mich als weniger rigide und auch nachsichtiger meiner Tochter gegenüber. Früher brachte es mich zum Beispiel regelmäßig auf die Palme, wenn sie nicht mit dem Gongschlag zum Abendessen erschien oder es zum x-tenmal vergaß, mir zu sagen, bei welcher Freundin sie den Nachmittag verbrachte. Heute weiß ich genau, sie kann nur bei einer ihrer drei besten Freundinnen stecken und würde mich anrufen, bevor sie woanders hinginge. Was mir allerdings sehr unangenehm ist, sind die Heimlichkeiten, die ich zum erstenmal im Leben vor Gerd habe. Ich muß ihn zwar nie direkt anlügen, weil ich viel beruflich unterwegs bin und ihn natürlich nicht über jeden Interviewtermin oder jede Redaktionsbesprechung unterrichte.

Trotzdem belastet es mich manchmal schon, daß ich ihn hintergehe. Aber das ist eben der Preis, den ich für die Stunden mit Leo zahlen muß. Damit muß ich allein fertig werden. Ich fände es wahnsinnig unfair, Gerd da hineinzuziehen und ihn mit meiner Affäre zu belasten. Mir gelingt das ganz gut, und das liegt sicher daran, daß ich genau weiß, wo ich hingehöre und mit welchem Mann ich leben will. Und weil ich immer noch überzeugt bin, die Leidenschaft, die mich mit Leo verbindet, wird nicht ewig dauern. Aber ich möchte sie eben genießen, solange ich es noch kann.»

Sabine erweckt den Eindruck einer selbstbewußten Frau, die ihr Leben im Griff hat. Sie scheint die Belastungen, die ihr Doppelleben mit sich bringt, zu bewältigen, ohne sich ständig Vorwürfe zu machen, weil sie etwas Wichtiges vor ihrem Mann geheimhält. Etwas, mit dem sie «allein klarkommen» und ihre Ehe nicht belasten will. Wie viele meiner Gesprächspartnerinnen stuft sie ihr Liebesverhältnis als etwas Vorübergehendes ein, das sie «noch mitnehmen» und sich gönnen will, «bevor es zu spät ist». Die Angst vor dem Älterwerden, vor nachlassender Attraktivität ist unüberhörbar. So wie Sabine fürchten sich viele Frauen jenseits der Vierzig davor, in ein paar Jahren für eine Liebesaffäre und für leidenschaftliche sexuelle Begegnungen mit einem anderen Mann zu alt zu sein. Weil sie «es genießen möchten, solange es noch geht», sich aber keinesfalls von ihrem Lebenspartner trennen wollen, wirkt die Geheimhaltung ihrer Liebesaffäre verständlich. Es deutet aber auch darauf hin, daß sie das, was sie draußen «noch einmal erleben wollen», drinnen offenbar aufgegeben haben und für nicht mehr realisierbar halten. Bei Sabine dürfte das kaum eine vorschnelle Resignation gewesen sein, sondern eine realistische Einschätzung dessen, was in ihrer Ehe möglich war. Sie hatte mehrmals vergeblich versucht, die erotische Spannung mit ihrem Mann wiederherzustellen und alte, eingefahrene Bahnen in der Sexualität zu verlassen. In ihrem Liebesverhältnis mit Leo genießt Sabine offensichtlich jene «außerehelichen erotischen Höhenflüge», welche die Psychologin Sandra Finzi in der Lebensmitte für unvermeidlich hält. Sicher lebt Sabine ein geteiltes Leben, aber sie scheint auch fähig zu sein, die Ambivalenzen, die sich daraus ergeben, eigenverantwortlich zu meistern.

«Eine Partnerschaft ist nichts statisch Festgelegtes, sondern ein lebendiges Sich-aufeinander-Beziehen. So gesehen, wäre es durchaus möglich, mehrere Menschen gleichzeitig zu lieben. Es ist denkbar, zur gleichen Zeit unterschiedliche Beziehungen zu verschiedenen Menschen aufrechtzuerhalten, ebenso wie unsere Beziehungen zu einem Menschen nie gleichfömrig sind» [38], schreibt die Diplompsychologin Christel Becker-Kolle. Auch sie hat beobachtet, daß Frauen im krisenhaften Umbruch in der Lebensmitte, wenn sie um eine neue Identität ringen, eine Außenbeziehung eine Zeitlang als rettendes Ufer erleben können. Allerdings, so räumt die Psychologin ein, seien zwei intime Beziehungen *ein* und nicht unbedingt *der* Weg, um Enttäuschungen oder Resignationen aufzufangen. «Sich in verschiedenen Partnerschaften unterschiedliche Bedürfnisse zu befriedigen, muß auch einhergehen mit der Frage, was frau in diesen Beziehungen in unterschiedlicher Weise *geben* (Hervorhebung Ch. Becker-Kolle) kann. Nur durch komplementäre Ergänzungen lassen sich große Enttäuschungen, Kränkungen und Streit eindämmen.»[39] Ansonsten bestünde die Gefahr, daß das schwer auszuhaltende Gefühlsdurcheinander von Sehnsucht und Schuld das lustvolle Abenteuer in eine Tragödie verwandele. Ob eine Frau eine Liebesaffäre eine Zeitlang unbeschadet genießen kann, liegt also offensichtlich auch an ihrer Fähigkeit, beiden Partnern gegenüber ihren Standort zu bestimmen und ihr Selbstverständnis zu klären. Mit anderen Worten, sie sollte sich darüber bewußt werden, was sie von jeder ihrer Beziehungen erwartet und welche Bedürfnisse sie von wem abgedeckt haben möchte. Aber sind solche Voraussetzungen überhaupt realistisch? Sind Frauen in der Lage, so klar zwischen den Wünschen an den einen und den anderen zu unterscheiden? Schließlich gilt die *ganzheitliche Liebe* noch immer als eine typisch weibliche Qualität, die sich mit der Trennung von Lust und Liebe, Sexualität und Emotion etc. nicht vereinbaren lasse. Man kommt um die Tatsache nicht herum, daß auch wenn Frauen ihre Wünsche und Träume auf *einen einzigen* Mann projizieren mögen, so doch gerade im langjährigen Zusammenleben mit diesem einen häufig die Voraussetzungen für den sehnsüchtigen Blick nach draußen entstehen. Und zwar nicht nur, weil sie irgendwann enttäuscht feststellen, sie haben zu viele Zugeständnisse gemacht und die eigenen Bedürfnisse immer wieder zu sehr zurückgestellt. Frauen wie Lisa, Bettina und Sabine, die sich eigentlich nicht frustriert fühlen, sondern noch mal mit einem anderen Mann die Hochgefühle von Verliebtheit, Lust und Leidenschaft erleben wollen, sind keine Seltenheit – und wahrscheinlich werden es eher mehr! Etwa dann, wenn sich die Thesen von Elisabeth Badinter bewahrheiten und die leidenschaftliche Liebe tatsächlich aus der Paarbeziehung zwischen Frau und Mann verschwinden sollte. «Die sexuelle Eroberung ist nicht mehr die Krönung unserer amourösen Beziehungen. Gegenüber der Sexualität wird jetzt stärker die gefühlsmäßige Liebesbeziehung empfunden... Der Einklang der Körper wird dem Einklang der Herzen untergeordnet, und dieser wird zum großen Abenteuer des Paares»[40], sagt die französische Philosophin voraus. Sie glaubt, durch die zunehmende Annäherung der Geschlechter wird das Begehren zwischen ihnen abhanden kommen. «Wir schließen dem anderen unser Herz weiter auf, in der Hoffnung, unseren Zwillingsbruder zu finden. Erst wenn die Leidenschaft schweigt, kann die wahre Liebe entstehen, die nicht mehr nur Verlangen nach Besitz und Unterwerfung ist.»[41] Eine Vision, die die einen begrüßen werden, weil sie endlich Frieden und «wahre» Freundschaft zwischen den Geschlechtern verspricht; andere werden es bedauern, wenn die Paarbeziehung der Zukunft mehr der geschwisterlichen oder gar der Liebe zwischen Mutter und Kind ähneln und für leidenschaftliche Gefühle keinen Platz mehr lassen sollte. «Der archaische Wunsch nach einer Rückkehr zur Symbiose mit der Mutter ist – bei Männern wie bei Frauen – noch nie so lebhaft gewesen»[42], konstatiert Elisabeth Badinter. Wenn aber Frauen und Männer künftig einander mehr als Freunde und Geschwister oder abwechselnd als Mutter und Kind begegnen, dann stellt sich natürlich die Frage, was mit jenen Gefühlen geschehen wird, die die Philosophin als nicht mehr zeitgemäß beschreibt. Sollten Leidenschaft, starkes Begehren, Triebvergnügen und heftiges Verlangen tatsächlich aus der Palette menschlicher Regungen verschwinden, das heißt sich irgendwohin sublimieren? Oder werden sie außerhalb der mehr von freundschaftlich-geschwisterlicher Liebe geprägten Paarbeziehungen weiterleben? Bislang scheint es jedenfalls so zu sein, daß nicht nur Männer, sondern auch zunehmend Frauen Affären und längere Nebenbeziehungen eingehen, wenn die leidenschaftliche Liebe in der «Hauptbeziehung» nachläßt oder ganz und gar in ihr erlischt. Und nicht nur dann, wie das Beispiel von Beate, Gaby und Anna im vorigen Kapitel zeigte.

Die Autonome

«Mein Reich», sagt Helga stolz und führt mich durch ihre Wohnung, die trotz der 55 m² weit und geräumig wirkt. In den beiden Zimmern stehen nur wenige Möbelstücke. Tische und Wandregale sind aus Glas, auf dem Boden liegen große bequeme Sitzkissen verstreut, dazwischen stehen vereinzelt ein paar Grünpflanzen. «Ich brauche viel Luft und muß mich frei bewegen können», sagt Helga, und damit sind wir auch schon beim Thema. Vor einem Jahr zog sie aus der gemeinsamen Wohnung mit ihrem Mann aus und suchte sich in seiner Nähe eine eigene Bleibe.

Bevor sie vor acht Jahren ihren Mann kennenlernte, hatte Helga ein abwechslungsreiches und ungebundenes Leben geführt. Sie wohnte in einer billigen Ein-Zimmer-Wohnung, arbeitete nicht mehr als acht oder neun Monate im Jahr als Fremdsprachensekretärin und reiste in der übrigen Zeit, meistens allein, manchmal mit einer Freundin, kreuz und quer durch Europa, Asien und Amerika. Ein Leben, von dem sie begeistert war und das sie mindestens bis zu ihrem dreißigsten Geburtstag weiterführen wollte. Danach plante sie, sich in der Reise- oder Hotelbranche eine feste Stelle zu suchen und eine größere Wohnung einzurichten. Eines stand für Helga allerdings seit ihrer Jugend fest: nie im Leben würde sie mit einem Mann zusammenziehen, heiraten und eine Familie gründen. Um keinen Preis der Welt sollte ihr Leben so verlaufen wie das ihrer Mutter, die sich als Hausfrau ganz auf ihre einzige Tochter fixiert und dieser «regelrecht die Luft zum Atmen genommen hatte». Helga flüchtete in eine andere Stadt und genoß ihre Reisen in ferne Länder. Ihrem zukünftigen Mann, einem Psychologen, begegnete sie mit neunundzwanzig auf der Geburtstagsfeier einer Nachbarin.

Sie beschreibt ihn als sehr ruhig und ausgeglichen und als einen Mann, der sich durch seine einfühlsame Art sehr wohltuend von ihren früheren Freunden, die meistens aus der Werbe- und Touristikbranche stammten, unterschied. Sie traf sich häufig mit Volker und genoß das Gefühl, daß er sich ernsthaft für sie interessierte und starken Anteil an ihrem Leben nahm. Er unterstützte sie, als sie begann, Studienpläne zu schmieden und schlug ihr nach gut einem Jahr vor, zu ihm in seine große Altbauwohnung zu ziehen. Wenig später meinte er, es sei das beste, wenn sie heirateten. Dann käme er in eine günstige Steuerklasse und könne so einen Teil ihres Unterhalts bestreiten.

«Daß es tatsächlich einen Mann in meinem Leben gab, der sich so viele Gedanken um meine Belange machte, ohne etwas dafür von mir zu fordern, hat mich damals unheimlich beeindruckt. Ich zögerte zwar eine ganze Weile, bevor ich zu ihm zog, und noch länger, bevor ich mich zu dieser Eheschließung durchringen konnte. Aber schließlich gewöhnte ich mich auch an diesen Gedanken. Daß ich mit Volker zusammenbleiben wollte, war keine Frage, und dann konnte ich ihn auch heiraten, zumal es uns finanzielle Vorteile brachte. Kurz vor der Hochzeit bekam ich allerdings noch einmal heftige Zweifel. Ich wurde krank und lag über eine Woche mit einer schweren Magen-Darm-Infektion im Bett. Volker war rührend während dieser Zeit. Er kam in der Mittagspause nach Hause gefahren, versorgte mich mit Tee und Zwieback, rief mehrmals am Tag an und bat die Nachbarin, ab und zu nach mir zu sehen. Kurz, er kümmerte sich so liebevoll um mich, daß ich es einfach nicht über mich brachte, die Hochzeit wieder abzublasen und ihn zu bitten, doch einfach ohne Trauschein mit mir zusammenzuleben.»

Ein typisch weibliches Reaktionsmuster. Wenn ein Mann soviel für eine Frau tut, will sie sich ihm erkenntlich zeigen, sein Verhalten honorieren und ihm (schließlich) auch entgegenkommen. Dann will sie ihn nicht enttäuschen, indem sie etwa auf ihren eigenen Vorstellungen beharrt. Ohne Zweifel hat Helga die Beziehung mit Volker als enorme Bereicherung erlebt. Sie hatte zwar in der Vergangenheit ein Leben frei von engen Bindungen und familiären Verpflichtungen geführt, dafür aber auch in Kauf genommen, für niemanden zur wichtigsten Bezugsperson zu werden. Volker war der erste Mann, auf den sie sich wirklich einlassen, dem sie vertrauen und mit dem sie sich eine enge Beziehung vorstellen konnte. Allerdings fühlte sie sich durch sein Interesse und seine Anteilnahme an ihrem Leben nicht nur zur Dankbarkeit, sondern darüber hinaus auch zum Verzicht auf eigene Wünsche und Lebensvorstellungen verpflichtet. Selbst als ihr Körper mit einer Krankheit gegen die bevorstehende Eheschließung rebellierte, gelang es ihr, diese Signale auszublenden und – im Gegenteil – die liebevolle Pflege ihres Mannes wiederum zum Anlaß zu nehmen, gegen ihre innere Überzeugung zu handeln. Auch Helga verhielt sich so, als sei Liebe nicht ein Gefühl für einen anderen Menschen, sondern ein Tauschgeschäft, bei dem Leistung und Gegenleistung in einem angemessenen Verhältnis stehen müssen. Indem sie den Wunsch nach einem eigenständigen Leben (in dem die eigene Wohnung eine wichtige Rolle spielte) ihrem Mann zuliebe abwürgte, lief sie Gefahr, in ein Schema zurückzufallen, das die Beziehung zu ihrer Mutter geprägt hatte. Sie nahm sich selbst nicht mehr ernst, redete sich ein, man müsse im Leben «schließlich auch Kompromisse» machen. Und konnte es selbst nicht fassen, als sie sich etwa zwei Jahre nach ihrer Heirat heftig in einen Kommilitonen verliebte.

«Anfangs dachte ich, es sei eine rein erotische Geschichte. Jens war vom Äußeren her so ziemlich mein ‹Traummann›, groß, dunkelhaarig und blauäugig, ein viel männlicherer Typ als Volker. Er hatte härtere Züge, betrieb einen Kampfsport, wirkte sehr selbstsicher und sagte jedem rückhaltlos seine Meinung. Sein unterschwellig aggressives Auftreten zog mich unheimlich an. Aber nicht nur das. Was mich am meisten faszinierte, war die Vorstellung, ihn heimlich zu treffen und damit etwas Verbotenes zu tun. Der Gedanke ließ mich nicht mehr los und beschäftigte mich so stark, daß ich mir eines Tages nach einem Seminar Mut antrank und Jens erzählte, wie wahnsinnig gern ich mit ihm schlafen würde».

Auffallend an Helgas Geschichte ist das «übermächtige Verlangen», etwas «Unerlaubtes» zu tun. Die Lust, sich über Versprechen hinwegzusetzen, Absprachen zu mißachten und einfach genau das zu tun, wonach ihr allein «der Sinn stand». Ganz offensichtlich meldeten sich ihre alten «verbotenen Wünsche» (nach einer eigenen Wohnung und einem relativ unabhängigen Leben) in anderer Form wieder: in der Sehnsucht, sich außerhalb ihrer Zweierbeziehung einen Raum ganz für sich allein zu schaffen. Eine Vermutung, die Helga bestätigt, die ihr damals aber nicht bewußt gewesen sei. Ihr Liebesverhältnis mit Jens dauerte über drei Jahre und sei hauptsächlich «eine sexuelle Verbindung» gewesen. Sie traf ihn ein-, zweimal die Woche in seiner Wohngemeinschaft, trank mit ihm Rotwein, verbrachte «ganze Stunden in seinem Bett statt in der Arbeitsgruppe» und träumte zusammen mit ihm von einem Leben ohne Routine und ohne Verpflichtungen. Trotz (oder wegen) ihrer heimlichen Liebe mit einem anderen geriet Helga in eine starke emotionale Abhängigkeit von ihrem Mann.

«Ich machte mir unheimliche Sorgen, wenn Volker abends nicht pünktlich nach Hause kam oder auf Seminaren unterwegs war. Mich beschäftigte immer wieder, ob ich nicht mehr für ihn tun müßte und ob ich überhaupt gut genug für ihn bin. Jedenfalls habe ich mich innerlich dauernd mit ihm beschäftigt. Nur wenn ich mit Jens auf seiner Bude hockte, Wein trank, mit ihm schlief und mit ihm von unserer gemeinsamen Leidenschaft, dem Reisen, schwärmte, fühlte ich mich vorübergehend frei und autonom, so wie früher. Ich nahm mir zwar immer wieder vor, mich von Jens zu trennen und Volker die Wahrheit zu sagen, aber ich schaffte es nicht. Irgendwie hatte ich das Gefühl, beide Männer zu brauchen, um mit mir selbst ins reine zu kommen. Als Volker gegen Ende meines Studiums immer häufiger davon redete, daß er gern eine richtige Familie mit zwei Kindern hätte, wurde mir ganz schlecht vor Angst. Wenn er das Thema anschneiden wollte, flüchtete ich häufig unter irgendeinem Vorwand aus dem Haus, rannte zu Jens und stürzte mich wie eine Ertrinkende in seine Arme. Obwohl ich Volker viel mehr liebte, hatte ich bei Jens das Gefühl, besser atmen zu können. Es war eine absolut verrückte Situation, weil ich es einerseits nicht mehr aushielt, Volker zu belügen, andererseits aber das Gefühl hatte, ohne Jens ersticken zu müssen.»

Ganz allmählich und unmerklich war Helga im Laufe des Zusammenlebens mit Volker in eine Rolle gerutscht, vor der sie sich instinktiv immer gefürchtet hatte. Die Frau, die unzählige Male allein fremde Länder bereist und es gelernt hatte, souverän Entscheidungen zu treffen, verwandelte sich nach und nach wieder in das kleine Mädchen, das mit besorgtem Blick die Mutter verfolgt und sich für ihr Wohl verantwortlich fühlt. Die Zuwendung ihres Mannes empfand sie zwar einerseits als wohltuend, andererseits aber auch als permanente Aufforderung, sich für «seine unendliche Güte» erkenntlich zu zeigen, was durch ihr unterschwellig schlechtes Gewissen natürlich noch verstärkt wurde. Obwohl sie es früher gehaßt hatte, mehr Zeit als unbedingt erforderlich in der Küche zu verbringen, ersann sie jetzt köstliche kleine Gerichte, die sie ihrem Mann abends bei Kerzenschein servierte. Sie fühlte sich, da er überwiegend für ihren Unterhalt aufkam, für den gemeinsamen Haushalt und für sein leibliches und seelisches Wohl verantwortlich. Ohne daß der es von ihr verlangt hätte, ging sie nach den Lehrveranstaltungen einkaufen, schrubbte Küche und Bad und verbrachte über weite Strecken mehr Zeit mit Hausfrauenbeschäftigungen als an ihrem Schreibtisch. Wenn ihr alles zuviel wurde, ging sie mit Jens in die Disco, berauschte sich an den gemeinsamen Träumen von einem freien, unabhängigen Leben und genoß ihre «verbotene Liebe» mit einem anderen.

Erst nachdem Helga ihr Soziologie-Studium beendet und eine Stelle in der Erwachsenenbildung gefunden hatte, gelang es ihr, Klarheit in ihr Leben zu bringen. Sie stürzte sich mit Begeisterung in ihre Arbeit und stellte nun fest, daß sie sich darüber nur mit ihrem Mann, nicht aber mit ihrem Freund austauschen konnte. Der hatte das Studium ein Jahr vor der Abschlußprüfung abgebrochen und sich einen Job in einer Kneipe gesucht. Er schmiedete Auswanderungspläne und wollte von «dem ganzen Soziologengequatsche» nichts mehr hören.

«Unsere Beziehung hatte sich mit Ende des Studiums ausgelebt. Ich bekam den Eindruck, Jens wollte einfach nicht erwachsen werden und sich weder für eine richtige Arbeit noch für eine feste Beziehung entscheiden. Mir selber wurde durch sein zielloses In-den-Tag-hinein-Leben klar, wie verschieden wir doch waren – trotz mancher Träume, denen wir gemeinsam nachhingen. Ich merkte, wie sehr ich zu Volker gehörte und mit ihm leben wollte. Allerdings in einer eigenen Wohnung und, was genauso wichtig war, ohne Kinder. Ich habe keine Kinderwünsche, hab sie nie gehabt, und wollte endlich auch meinem Mann gegenüber dazu stehen!

Trotzdem hatte ich panische Angst, er würde mich verlassen, wenn ich trotz meiner Beziehung zu ihm auf einem eigenen Leben bestünde.»

Helgas Befürchtungen traten nicht ein. Ihr Mann war zwar traurig darüber, daß er wieder allein leben und keine Familie bekommen würde, aber er setzte Helga nicht unter Druck. Und drohte auch nicht mit Trennung, als sie ihm ihre fast dreijährige Nebenbeziehung gestand, die sie rückblickend als «Ausbruchsversuch aus einer unheimlichen inneren Enge» bezeichnet.

«Ich weiß heute, ich habe Jens gebraucht, um meinen eigenen Standpunkt meinem Mann gegenüber zu finden. Durch die Unverbindlichkeit, die ich mit Jens erlebte, ist mir klargeworden, wie sehr ich eine feste Beziehung mit Volker doch haben möchte. Aber nicht ausschließlich zu seinen, sondern auch zu meinen Bedingungen, und das bedeutet, daß ich nicht gegen meinen Willen Mutter werde und außerdem mein eigenes kleines Reich behalte, in das ich mich jederzeit zurückziehen kann.»

In welchem Maße ein außereheliches Liebesverhältnis den Klärungsprozeß innerhalb einer Paarbeziehung beschleunigen oder überhaupt erst in Gang setzen kann, wurde bereits bei mehreren meiner Interviewpartnerinnen deutlich. Aber während zum Beispiel für Vera und Marlies der Geliebte «das Rennen machte» und sie durch ihre außereheliche Beziehung die letzten Illusionen über ihre Ehe verloren, entwickelte es sich bei Helga genau umgekehrt. In der Liebesaffäre mit einem anderen lebte sie zwar diejenigen Facetten ihres Wesens, die sie aus ihrer Ehe verbannt hatte, fand aber gleichzeitig heraus, daß sie mit ihrem Mann und nicht mit dem Geliebten ihr Leben teilen wollte. Helga erkannte, wie sehr sie immer wieder auch Distanz von dem Menschen brauchte, den sie am meisten liebte. Anfangs konnte sie diese Distanz zu Volker nur durch eine Liebesaffäre mit einem anderen Mann herstellen. Darin erlebte sie wieder die Souveränität, die ihr wegen der ökonomischen und damit verbunden moralischen

Abhängigkeit in ihrer Ehe abhanden gekommen war. Später wurde ihr klar, daß sie zwar eine verbindliche und dauerhafte Beziehung mit ihrem Mann haben, deshalb aber nicht zwangsläufig jeden Tag mit ihm verbringen wollte. Sie wünschte sich getrennte Wohnungen, aber doch regelmäßiges Zusammensein. Ein Luxus, den sich viele Paare schon allein aufgrund der damit verbundenen doppelten Mietkosten gar nicht leisten können. Auf der anderen Seite wird das sogenannte ‹Getrennt-Zusammen-Leben› aber längst nicht mehr nur von Künstlern, Schauspielern oder außergewöhnlich begüterten Paaren praktiziert. Es ist ein Lebensmodell, das durch die veränderten Geschlechterrollen, die zunehmende Berufstätigkeit der Frauen und ihre wirtschaftliche Unabhängigkeit vom (Ehe-)Mann auch für andere Bevölkerungsschichten realisierbar und attraktiv wurde. Und es ist Ausdruck eines sich verändernden Liebesideals, das von der geliebten Person nicht mehr eine fast symbiotische Nähe und die Erfüllung aller wichtigen Bedürfnisse erwartet. «Nicht mehr der gemeinsame Haushalt mit seinen Komponenten Versorgung gegen Fürsorge bildet die Basis der Beziehung. Ausschlaggebend werden die gegenseitige Zuneigung, erotische Attraktion, die gemeinsamen Interessen, die Fähigkeit, miteinander zu kommunizieren»[43], hat Dorothee Schmitz-Köster beobachtet. Wenn wirtschaftliche Faktoren innerhalb der Partnerschaft keine Rolle mehr spielen, Frau und Mann möglicherweise einen Beruf ausüben, der sie sehr stark fordert, dann kann der Rückzug in die eigenen vier Wände für manche Menschen zum wichtigen Schonraum werden, aus dem sie Kraft und Energie für ihr Leben tanken. Das Getrennt-Zusammen-Leben schafft außerdem günstige Rahmenbedingungen für einen ständigen Wechsel von Nähe und Distanz innerhalb einer Partnerschaft. Man läuft sich nicht mehr automatisch im Flur der gemeinsamen Wohnung über den Weg, wenn man den anderen gerade meilenweit wegwünscht, sondern trifft sich nur dann, wenn man wirklich gewillt und in der Lage ist, sich aufeinander einzulassen. Was für die einen ein Indiz für Egoismus und Vereinzelung darstellt, ermöglicht den anderen intensive Nähe zum Partner ohne die Angst, im täglichen Zusammenleben von ihm überfordert zu werden oder sich in ihm zu verlieren. Das Getrennt-Zusammen-Leben kann es gerade Frauen erleichtern, sich von Rollenvorstellungen zu lösen, die sie zwar rational ablehnen, emotional aber noch stark verinnerlicht haben. So wie Helga geraten auch andere selbstbewußte und ehemals unabhängige Frauen im Laufe ihrer Ehe wieder unter den Druck, Aufgaben und Rollen zu übernehmen, die ihnen keinerlei Befriedigung verschaffen. Sie fühlen sich schnell für den Partner und die gemeinsame Wohnung verantwortlich und überfrachten sich nicht selten mit Ansprüchen, die von außen gar nicht an sie gestellt werden. Obwohl sie berufstätig sind, finden sie es selbstverständlich, weitgehend allein fürs Einkaufen, Kochen, Waschen etc. zuständig zu bleiben. Aufgaben, die sie – verständlicherweise – kaum mit Begeisterung und Elan, sondern oft jammernd und (unterschwellig) vorwurfsvoll erledigen. In der eigenen Wohnung fühlen sich manche Frauen freier, ihren Alltag auch nach ihren eigenen Regeln und unabhängig von tatsächlichen oder verinnerlichten Anforderungen anderer zu gestalten. Es sind also längst nicht mehr nur Männer, die ausgeprägte Rückzugsbedürfnisse innerhalb einer Partnerschaft anmelden. Mit ihrem Wunsch nach einem «eigenen Reich», das auch vor den emotionalen Erwartungen des Partners schützen soll, steht Helga ganz und gar nicht allein. Viele Frauen, die in einer festen Beziehung mit einem Mann leben (wollen), sehnen sich gleichzeitig nach einem Bereich, den sie unabhängig von ihm und ganz allein für sich, für ihre Arbeit, ihre Freunde und ihre Gewohnheiten bewahren können.[44] Wenn die alltägliche Nähe mit dem Partner als zu bedrängend und einengend erlebt und die Luft zum Atmen zu Hause knapp wird, dann kann das Liebesverhältnis mit einem anderen Mann nicht nur vor dem akuten Erstickungstod bewahren. Sie kann auch den Weg weisen für eine Lebensform, die trotz gegenseitiger

Bindung ein hohes Maß an Unabhängigkeit und Eigenverantwortlichkeit begünstigt.

Christiane ist 37, Diplompsychologin und Leiterin einer Drogenberatungsstelle. Bis vor drei Jahren lebte sie mit ihrem Mann zusammen, den sie fünf Jahre zuvor geheiratet hatte. Etwas halbherzig, weil ihr eigentlich mehr ein Leben mit vielen Freiräumen für sich selbst und ihren Beruf vorschwebte. Aber als ihr Mann, der bei einer Einrichtung der evangelischen Kirche arbeitet, ihr dann vorschlug, zu heiraten und zusammenzuziehen, stimmte sie zu. Und nicht nur das. Sie trat auch, mit Rücksicht auf ihren Mann, wieder in die Kirche ein, obwohl sie sich den Austritt einige Jahre zuvor reiflich überlegt und schließlich für richtig befunden hatte. Kurz, sie machte eine Reihe von Kompromissen, sagte sich, daß es sich sowohl bei der Kirchenzugehörigkeit wie auch bei der Heirat nur um eine Formalität handele, die man nicht überbewerten müsse. Doch je mehr sie ihre Freiheitswünsche und ihre ablehnende Haltung gegenüber der Kirche herunterspielte und verdrängte, desto langweiliger und unbefriedigender empfand sie das gemeinsame Leben mit ihrem Mann. Und das, obwohl es ihr zu Hause scheinbar an nichts mangelte. Ihr Mann machte ihr keine Vorwürfe, wenn sie sich mit Begeisterung und Engagement in ihre Arbeit stürzte und an manchen Tagen nur noch zum Schlafen nach Hause kam. Im Gegenteil. Er interessierte sich für ihren Beruf und akzeptierte den außerordentlich hohen Stellenwert, den dieser in Christianes Leben einnahm. Er beteiligte sich unaufgefordert an der Hausarbeit, ließ es an Zärtlichkeit und Zuwendung nicht fehlen und war, so schien es, ein – fast – idealer Lebenspartner.

«Ich hab im Grunde einen furchtbar netten, lieben, tollen Mann, eigentlich wie er im Bilderbuch steht. Aber eben viel zu langweilig. Mein Mann hatte immer für alles Verständnis, egal was ich machte. Aber je verständnisvoller er sich mir gegenüber zeigte, desto hilfloser fühlte ich mich. Ich konnte ja machen, was ich wollte, ohne auf Kritik oder auch nur

Vorbehalte zu stoßen. Das war das eine. Zum anderen merkte ich, daß das Leben, das wir führten, mehr ihm und seinen Vorstellungen als meinem eigenen Lebensentwurf entsprach. Mein Mann genoß es, abends nach der Arbeit in unser schönes, gemütliches Heim am Stadtrand zurückzukehren und mit mir beisammen zu sein. Damals wohnten wir in einer Gegend, in der wir wenig Freunde hatten und dadurch in der Freizeit sehr aufeinander bezogen waren. Während ihm diese Zweisamkeit mit mir gefiel und offensichtlich wohl tat, sehnte ich mich oft danach, mehr mit anderen Menschen zu unternehmen. Wir hatten also einmal recht unterschiedliche Bedürfnisse und darüber hinaus auch einen ganz verschiedenen Lebensrhythmus. Besonders deutlich wurde das, wenn wir in Urlaub fuhren. Mein Mann ist zum Beispiel ein ausgesprochener Langschläfer, geht den Tag langsam an und kann nachher Stunden damit verbringen, zu schwimmen oder einfach dazusitzen und aufs Meer zu schauen. Ich stehe gern früh auf, werde unruhig, wenn ich den ganzen Tag mit Nichtstun verbringen soll, kann auch gar nicht schwimmen und bin vielmehr an kulturellen Dingen interessiert. Kurz, ich empfand meine Ehe bald schon als viel zu lieb, zu eng und eben auch zu langweilig. Ich hatte eindeutig zuwenig Freiräume, und es machte mich zunehmend unzufrieden, jeden Abend und auch viele Wochenenden in unserer trauten Zweisamkeit und in diesem ewigen Einheitsbrei zu verbringen.»

Christianes Unzufriedenheit wirkt – ungeachtet der vielen Qualitäten, die ihren Mann offenbar auszeichnen – mehr als verständlich. Schließlich war sie es, die in der Beziehung mit ihm auf alte Überzeugungen und Wünsche verzichtet und sich weitgehend seinen Vorstellungen von einem gemeinsamen Leben angepaßt hatte. Im nachhinein beurteilt sie die vielen Kompromisse, die sie ihrem Mann zuliebe eingegangen war, äußerst kritisch und meint, sie hätte ihre eigenen Lebenspläne allzu bereitwillig aufgegeben und beispielsweise auch ihre eindeutige Position gegenüber der evangelischen

Kirche viel zu schnell revidiert. In den ersten Jahren ihrer Ehe war ihr diese typisch weibliche Anpassungsleistung allerdings noch nicht bewußt gewesen. Sie hatte sich von vornherein unmerklich auf ihren Mann und seine Welt eingestellt und dadurch viel stärker in sein Leben integriert als er in ihres. Diesen schleichenden Prozeß, der in der Regel von kleinen, unscheinbaren und alltäglichen Anpassungsleistungen der Frauen an ihre Lebenspartner begleitet wird, deutet die Psychotherapeutin Irmgard Hülsemann so: «Frauen werden von ihren eigenen, ganz selbstverständlichen Wünschen so sehr bedroht, daß sie diese verunklaren. Sie greifen auf unterschiedliche Abwehrmechanismen zurück, um sich nicht Problemen konflikthafter Auseinandersetzung zu stellen. Es wird deutlich, daß ihre Haltung, für andere dazusein, unmittelbar mit der Stabilisierung ihrer Identität zusammenhängt.»[45] Liebesdienste, so folgert die Psychotherapeutin, werden also auch zur eigenen Sicherheit aus dem anerzogenen Bedürfnis, «moralisch richtig zu sein», erbracht.[46] Ein Bedürfnis, das häufig das Gefühl der inneren Unzufriedenheit überlagert und damit den Weg zum eigenen Ich verbaut. Besonders schwer dürfte es sein, den Widerspruch zwischen den eigenen Wünschen und der permanenten Anpassung an den Lebenspartner aufzulösen, wenn letzterer, wie im Falle von Christiane, scheinbar nur Gutes und damit keine Rechtfertigung bietet, sich von ihm zu distanzieren.

Einige Jahre nach ihrer Heirat und genau in der Zeit, als Christianes Unbehagen über ihr eingeschränktes Leben anwuchs, kam ein neuer Mitarbeiter in ihre Beratungsstelle. Schon bald zeigte sich, wie gut sie sich mit ihm verstand und wie gern sie mit ihm zusammen arbeitete. Sie freute sich jedesmal auf die gemeinsam organisierten Seminare. Nach den Veranstaltungen saßen sie häufig noch beieinander, redeten über die Ergebnisse ihrer Arbeit, aber zunehmend auch über ihr Privatleben. Sie entdeckten, daß sie beide aus der ehemaligen DDR stammten und genossen es, sich stundenlang über ihre Kindheitserfahrungen im anderen Teil Deutschlands auszutauschen. Nach einigen Monaten glaubte Christiane, sich in ihren Kollegen verliebt zu haben. Aber sie war unsicher, wie sie als seine Vorgesetzte und darüber hinaus noch als verheiratete Frau mit dieser Situation umgehen sollte.

«Ich war völlig irritiert, wußte überhaupt nicht mehr, woran ich war und raffte schließlich all meinen Mut zusammen, schrieb ihm einen Brief und bat ihn um ein Treffen. Dabei stellte sich dann heraus, daß er sich auch in mich verliebt hatte, auch in einer festen Beziehung lebte und auch nicht wußte, was er tun sollte! Nach diesem Gespräch war endlich diese Spannung weg, die sich in den vergangenen Monaten zwischen uns aufgebaut hatte, und wir gingen noch am selben Abend zum erstenmal miteinander ins Bett. Danach trafen wir uns heimlich, so oft wir nur konnten. Meistens am späten Nachmittag in seiner Wohnung, weil seine Freundin bis abends um sechs arbeitete, oft Überstunden machte und häufig auch beruflich verreiste. Und dann fuhren wir ja auch nicht selten zu Seminaren und Veranstaltungen.»

Christianes heimliches Liebesverhältnis mit ihrem Kollegen dauerte fast eineinhalb Jahre lang. Wie sie diese Zeit erlebte, beschreibt sie im nachhinein so:

«Die Beziehung hatte ganz viele Facetten. Zum einen fand ich es sehr schön, auf Seminaren von jemandem begleitet zu werden, der nicht nur fachlich etwas davon verstand, sondern der auch menschlich für mich da war. Außerdem hatte es für mich sicher einen gewissen Reiz, die Vorgesetzte meines Freundes zu sein und ihn dadurch ein Stück von mir abhängig zu wissen. Auch wenn ich das nie ausnutzte, gab es der ganzen Sache doch einen gewissen Kick. Und dann war es natürlich ein phantastisches Gefühl, von zwei Männern geliebt zu werden. Ich dachte oft, nicht nur einer, sondern gleich zwei sind vernarrt in dich, das ist ja super! Zumindest in der ersten Zeit hab ich es wahnsinnig genossen, von zweien begehrt zu werden. Aber das allerwichtigste ist, daß ich mich durch die Beziehung zu meinem Freund wieder viel stärker gespürt habe als früher. Durch dieses starke Verliebtsein und die Sexualität, die natürlich von einer ganz anderen Spannung lebte als unser ehelicher Geschlechtsverkehr zu Hause, hab ich plötzlich wieder viele Seiten in mir wahrgenommen. Ich wurde wesentlich wacher, fühlte mich unwahrscheinlich energiegeladen und stärker an meiner Umwelt interessiert als vorher. Mein Freund sprach Teile meiner Persönlichkeit an, die ich verdrängt hatte. Er fuhr zum Beispiel Motorrad, und wenn ich ihn so losfahren sah, fragte ich mich oft, warum mich das so faszinierte und irgendwelche diffusen Sehnsüchte in mir weckte, die ich aber damals noch gar nicht benennen konnte. Heute weiß ich, daß ich nur allzugern selbst davongerauscht oder mal ausgeflippt wäre, statt dieses anständige, bürgerliche Leben und diese brave Ehe zu führen. Mein Freund sprach durch sein ganzes Wesen, die Art wie er redete, sich kleidete und eben sogar durch sein Motorrad die vielen Freiheitswünsche in mir an, die ich seit dem Beginn meiner Ehe verleugnet hatte.»

Wie viele der Frauen, mit denen ich gesprochen habe, beschreibt auch Christiane ihren Freund als regelrechten Anti-Typ zu ihrem Mann. Während letzterer den ruhigen, beständigen Pol ihres Lebens verkörperte, war ihr Freund der «Freche», der «Draufgänger», der genau die abenteuerlichen und freiheitsliebenden Anteile personifizierte, die Christiane bei sich selbst verdrängt hatte und in ihrem Ehealltag vermißte. Ihre eigenen unterdrückten Impulse kamen durch die Beziehung mit ihrem Freund wieder zum Vorschein, meldeten sich in dem Wunsch, «einmal auszuflippen» und dadurch einem Eheleben zu entkommen, das sie zunehmend als langweilig, öde und einengend empfand. Sie erkannte, daß sie sich durch ihr Liebesverhältnis mit diesem anderen von den Werten zu lösen versuchte, die sie nicht aus innerer Überzeugung, sondern aus «viel zu großer Kompromißbereitschaft» übernommen hatte.

«Mir wurde langsam deutlich, daß ich all diese Dinge wie Ehe und Zweisamkeit mit Füßen trat, weil sie eigentlich nie meine Sache gewesen waren. So wie ich zu Beginn unserer

Ehe meine eigenen Überzeugungen verleugnet hatte, so sagte ich mich jetzt von denen meines Mannes los. Das alles vollzog sich natürlich nicht als bewußt geplanter Schritt, aber es wurde mir nach und nach klar, daß mein Freund Teile von mir selbst verkörperte, die ich aufgegeben hatte – und die weiterleben wollten.»

Christiane fühlte sich immer stärker zu ihrem Freund hingezogen und wurde ihrem Mann gegenüber immer unzugänglicher und abweisender. Als sie das merkte, fuhr sie allein in Urlaub, um in Ruhe über Zukunftsperspektiven nachzudenken. Nach ihrer Rückkehr gab sie ihrem Mann gegenüber, der sich ihr verändertes Verhalten nicht erklären konnte, ihre Beziehung mit einem anderen zu. Eine Enthüllung, mit der er lange Zeit nicht fertig wurde, weil er seine Ehe für intakt gehalten und gemeint hatte, Christiane sei mit ihrem gemeinsamen Leben genauso glücklich und zufrieden wie er. Die Krise, in die sie jetzt beide hineingerieten, offenbarte aber auch, daß beide in der Vergangenheit Konflikte und mißliche Gefühle eher verdrängt hatten, statt ihre Positionen offen darzulegen und sich über unterschiedliche Standpunkte auseinanderzusetzen. Ihnen wurde klar, sie wollten sich nicht trennen, sondern unter veränderten Bedingungen weiterhin zusammenbleiben.

«Ich war zwar diejenige, die sich durch ihre Affäre mehr Freiraum geschaffen hatte. Das heißt aber nicht, daß mein Mann nicht auch seine Ruhe und eine Rückzugsmöglichkeit braucht, wo er allein Musik hören oder ein Buch lesen und von niemandem, auch nicht von mir, gestört werden kann. Uns ist klargeworden, wir dürfen unsere Distanzbedürfnisse nicht weiter voreinander verheimlichen und unter den Teppich kehren. Und wir müssen nicht gleich Angst haben, nicht mehr geliebt oder verlassen zu werden, wenn wir uns räumlich voneinander entfernen.»

Christiane hat sich während des Klärungsprozesses mit ihrem Mann von ihrem Geliebten getrennt. Im Guten – weil sich ihre Beziehung inzwischen erschöpft und für beide ihre ursprüngliche Faszination verloren hatte. Dann bewarb sie sich um eine neue Stelle und ließ sich in einer Stadt, zweihundert Kilometer vom Wohnort ihres Mannes entfernt, nieder. Seitdem führt sie eine Wochenend-Ehe, befreit von der Alltagsroutine und den Abnutzungserscheinungen, die sich häufig im tagtäglichen Miteinander-Leben einstellen.

«Heute kann ich mich wieder auf meinen Mann und die Tage, die ich mit ihm zusammen verbringe, freuen. Ich genieße es, nun bewußt zu entscheiden, wann, wo und wie oft ich ihn sehe und was wir dann gemeinsam machen. Unserer Beziehung haftet nicht mehr dieses Alltägliche, Normale und vor allem nicht mehr dieser Ehe-Einheitsbrei an, bei dem man nach einiger Zeit oft den einen kaum noch vom anderen unterscheiden kann.»

Ihre Außenbeziehung hat Christiane noch keinen einzigen Tag bereut. Es tat ihr zwar leid, ihren Mann damit auch verletzt zu haben. Aber es gab, so beurteilt sie es rückblickend, damals keine andere Alternative, als die Liebe zu einem anderen zu leben, solange sie lebendig war.

«Egal, was ich auch getan hätte, ich selber hätte in jedem Fall gelitten. Hätte ich die Liebe zu dem anderen verdrängt, wäre ich todunglücklich gewesen und hätte möglicherweise einen Teil meiner Unzufriedenheit und meines Frustes an meinem Mann abgelassen. Dadurch daß ich die Außenbeziehung gelebt habe, bin ich einen wichtigen Schritt in meinem Leben vorangekommen. Dieser Schritt tat mir gut und half mir weiter, weil mir meine eigenen Bedürfnisse wieder klar wurden. Gleichzeitig habe ich dadurch starke Verunsicherungen und Leid verursacht. Ich hab meinen Mann gekränkt, ihm weh getan und war selber, nach der anfänglichen Euphorie, immer wieder innerlich zerrissen, ich wußte nicht mehr, wo ich hingehörte. Es gab also weder das Gute noch das Schlechte, weder das Richtige noch das Falsche, ich stand an einem Entwicklungspunkt, an dem jede Entscheidung Leid implizierte, aber die, die ich getroffen habe, bot eben auch Bereicherung und die Chance zur Weiterentwicklung.»

Auch so selbstbewußte und unabhängige Frauen wie Helga und Christiane tun sich offenkundig schwer damit, innerhalb einer festen Liebesbeziehung ihre Individualität und ihre Autonomie zu wahren. Auch sie sind schnell bereit, Eigenes aufzugeben, sich den Wünschen ihrer Lebenspartner anzupassen und sich mit einer Lebensweise zu arrangieren, die nicht die ihre ist. Eine erstaunliche Metamorphose, wenn man bedenkt, daß sie vor der Paarbeziehung nicht nur einen eigenen Beruf und ein eigenes Einkommen, sondern vor allem auch eine eigene Einstellung hatten und genau wußten, wie sie ihr Leben gestalten wollten. Die verinnerlichten Rollenbilder erweisen sich trotz der sich wandelnden sozialen Beziehungen zwischen den Geschlechtern als äußerst resistent. Der Beruf und das eigene Einkommen sichern wohl die ökonomische Unabhängigkeit – eine Grundvoraussetzung, sich als eigenständiges Individuum zu erfahren. Aber das ist längst noch keine Garantie dafür, daß Frauen sich auch emotional als ein ‹Ganzes› und weniger aus der Paar-Perspektive heraus begreifen können. Traditionell noch immer erzogen zur Identifikation und nicht zu Identität und Selbstverantwortung, geht ihr ‹Ich› nach wie vor nicht selten mit atemberaubender Geschwindigkeit in ein ‹Wir› über, sobald sie eine feste Liebesbeziehung eingehen und mit einem Mann zusammenziehen. Beruhigend ist, daß es heute Wege gibt, die aus dieser Misere wieder herausführen und Frauen ein neues (ihr eigenes!) Selbstverständnis gewinnen lassen. Einer davon kann ein Liebesverhältnis mit einem anderen Mann sein: Wenn Frauen diejenigen Seiten ihres Wesens wieder spüren, die sie in ihrem Alltagsleben noch immer allzu bereitwillig verleugnen.

Ich danke allen Frauen für die Bereitschaft, den Mut und die Offenheit, mir die Geschichte ihrer «verbotenen» Liebe anzuvertrauen; Barbara Hoffmeister für die angenehme Zusammenarbeit und ihre gute redaktionelle Betreuung und – last not least – meinem Mann für seine solidarische Kritik und die Unterstützung, die ich während der Arbeit an diesem Buch durch ihn erfahren habe.

ANMERKUNGEN

Treue das Ideal – Untreue die Realität

1 Michael Cöllen, Laß uns für die Liebe kämpfen, München 1984, zit. nach Michael Cöllen, Das Paar, München 1989, S. 70
2 zit. nach *Brigitte* 2/90
3 zit. nach Frank Pittman, Angenommen mein Partner geht fremd, Stuttgart 1991, S. 30
4 Gustave Flaubert, Madame Bovary, Zürich, 6. Aufl., 1991, S. 302–303
5 ebenda, S. 486, 490, 491, 499, 500
6 vgl. Gustave Flaubert, a. a. O., Nachwort, S. 581–586
7 Frank Pittman, a. a. O., S. 31
8 ebenda, S. 31
9 Uwe Genkel, zit. nach *Psychologie Heute* 2/91
10 Bornemann, in: *Sexualmedizin* 1988, zit. nach Michael Cöllen, Das Paar, München 1989, S. 34
11 Habermehl, 1986, zit. nach Michael Cöllen, a. a. O. S. 34
12 G. Hamphrey, 1986, zit. nach Michael Cöllen, a. a. O. S. 34
13 S. Schnabl, *Sexualmedizin* 9/88, S. 524
14 *Frankfurter Rundschau*, 22. 2. 1988, zit. nach Michael Cöllen, a. a. O., S. 34
15 zit. nach Herrad Schenk, Die Befreiung des weiblichen Begehrens, Köln 1991, S. 25
16 Shere Hite, Frauen & Liebe, Der neue Hite-Report, München 1990, S. 433
17 zit. nach Herrad Schenk, a. a. O., S. 151–152
18 Herrad Schenk, a. a. O., S. 155
19 ebenda, S. 93
20 Frank Pittman, a. a. O., S. 36
21 ebenda, S. 23
22 ebenda, S. 23
23 ebenda, S. 16
24 Jürg Willi, Die Zweierbeziehung, Reinbek 1975, S. 20

25 ebenda, S. 194
26 ebenda, S. 206
27 ebenda, S. 206
28 Michael Lukas Moeller, Die Liebe ist das Kind der Freiheit, Reinbek 1990, S. 160
29 ebenda, S. 160
30 ebenda, S. 160–161
31 Marina Gambaroff, Utopie der Treue, Reinbek 1984, S. 47
32 ebenda, S. 59
33 vgl. Jürg Willi, a. a. O., S. 202
34 Die nachfolgenden Zitate von Michael Cöllen stammen aus einem Interview, das ich am 31. 1. 1992 mit ihm führte

Frauen erproben neue Freiräume

1 vgl. Reay Tannahill, Kulturgeschichte der Erotik, Wien, Hamburg 1982, S. 63, 93, 105
2 zit. nach Herrad Schenk, a. a. O., S. 53
3 Fernsehfilm von Hannelore Schäfer, NDR, vom 27. 10. 91
4 Herrad Schenk, a. a. O., S. 50
5 ebenda, S. 52
6 Cheryl Benard, Edit Schlaffer, Die Grenzen des Geschlechts, Reinbek 1984, S. 140
7 vgl. Freidoune Sahebjam, Die gesteinigte Frau, Reinbek 1992
8 Elisabeth Beck-Gernsheim, Ulrich Beck, Das ganz normale Chaos der Liebe, Frankfurt am Main 1990, S. 75
9 ebenda, S. 24
10 Sigrid Metz-Göckel, Ursula Müller, zit. nach Elisabeth Beck-Gernsheim, Ulrich Beck, a. a. O., S. 31
11 zit. nach *Hamburger Abendblatt* vom 7. 2. 92
12 Erwin Ringel, zit. nach Michael Cöllen, a. a. O., S. 33
13 Statistisches Bundesamt, 1986, zit. nach Michael Cöllen, a. a. O., S. 33
14 Raboch in *Sexualmedizin* 3/87, zit. nach Michael Cöllen, a. a. O., S. 34
15 Jürgens, 1987, zit. nach Michael Cöllen, a. a. O., S. 33
16 Elisabeth Beck-Gernsheim, Ulrich Beck, a. a. O., S. 85
17 ebenda, S. 85
18 zit. nach Elisabeth Beck-Gernsheim, Ulrich Beck, a. a. O., S. 86
19 ebenda, S. 86
20 Nila Bevan, zit. nach Elisabeth Beck-Gernsheim, Ulrich Beck, a. a. O., S. 87
21 Elisabeth Beck-Gernsheim, Ulrich Beck, a. a. O., S. 70

22 ebenda, S. 71
23 zit. nach Herrad Schenk, a. a. O., S. 90
24 Herrad Schenk, a. a. O., S. 100–101
25 ebenda, S. 101
26 ebenda, S. 101
27 Sigrid Steinbrecher in: «Der Seitensprung – oder sexuelle Untreue», NDR 4 vom 13. 5. 1991

Einmal ist keinmal – der Seitensprung

1 Hans Jellouschek, zit. nach *Psychologie Heute* 2/1991
2 ebenda
3 Michael Cöllen, Interview vom 31. 1. 1992
4 ebenda
5 Shere Hite, a. a. O., S. 25, S. 434
6 Ruth Westheimer, Louis Liebermann, Sex und Moral, Weinheim 1990, S. 135
7 Elisabeth Müller-Luckmann, in: Mein Seitensprung, Margct Hoff, Lizenzausgabe, Bergisch Gladbach 1989, S. 10
8 ebenda, S. 10
9 Elisabeth Müller-Luckmann, Die große Kränkung, Reinbek 1987, S. 59
10 ebenda, S. 59

Der eine fürs Leben, der andere für ab und zu

1 vgl. Nena & George O'Neill, Die offene Ehe, Reinbek 1975, S. 44
2 ebenda, S. 145
3 Avodah K. Offit, Das sexuelle Ich, Stuttgart 1979, S. 192
4 ebenda, S. 351
5 Frank Pittman, a. a. O., S. 204
6 ebenda
7 ebenda
8 ebenda
9 ebenda
10 ebenda, S. 205
11 Uwe Genkel, zit. nach *Psychologie Heute* 2/1991
12 Herrad Schenk, a. a. O., S. 64 ff
13 Peter von Matt, Liebesverrat, Die Treulosen in der Literatur, München 1989, S. 33 ff
14 Herrad Schenk, a. a. O., S. 76
15 Carol Cassell, Die Sehnsucht nach dem siebten Himmel, Reinbek 1986, S. 94–95

16 Uwe Genkel, zit. nach *Psychologie Heute* 2/1991
17 Demosthenes, zit. nach Herrad Schenk, a. a. O., S. 43
18 vgl. Herrad Schenk, a. a. O., S. 43

Was mir der eine nicht gibt, bekomme ich von einem anderen

1 Kurt Tucholsky, Gesammelte Werke, Bd. 8, Reinbek 1975, S. 257
2 Robin Norwood, Wenn Frauen zu sehr lieben, Reinbek 1986
3 Christiane Olivier, Jokastetes Kinder, Die Psyche der Frau im Schatten der Mutter, Düsseldorf 1987, S. 150–151
4 Andrea Ernst, Ingrid Füller, Schlucken & Schweigen, Wie Arzneimittel Frauen zerstören können, Köln 1988
5 Shere Hite, a. a. O., S. 433–434
6 Wilfried Wieck, Männer lassen lieben, Stuttgart, 1987
7 Michael Cöllen, Interview vom 31. 1. 1992
8 Hans Jellouschek in: *Psychologie Heute* 2/91, S. 25
9 Horst-Eberhard Richter, in: Sind Frauen emanzipierter als Männer?, NDR 4 vom 16. 9. 1991
10 Hans Jellouschek, Der Froschkönig, Ich liebe dich, weil ich dich brauche, Zürich 1985
11 ebenda
12 Sigrid Steinbrecher, Funkstille in der Liebe, Stuttgart 1990, S. 105
13 ebenda, S. 99
14 Christiane Olivier, a. a. O., S. 167
15 zit. nach Eva Jaeggi, Walter Hollstein, Wenn Ehen älter werden, München 1985, S. 97
16 ebenda, S. 23
17 Brian R. Boylan, Seitensprung, Wien, Hamburg 1972, S. 68
18 LAG Düsseldorf, in: Der Betrieb/69, S. 667
19 Doritt Cadura-Saf, Das unsichtbare Geschlecht, Frauen, Wechseljahre, Älterwerden, Berlin 1981, S. 54
20 ebenda, S. 54–55
21 Karin Mönkemeyer, Inge Nordhoff, Ein platonisches Verhältnis, Freundschaften zwischen Frauen und Männern, Reinbek 1990, S. 32
22 Francesco Alberoni, zit. nach Karin Mönkemeyer, Inge Nordhoff, a. a. O., S. 136
23 Erica Fischer, Jenseits der Träume, Frauen um Vierzig, Köln 1983
24 Renate Daimler, Verschwiegene Lust, Frauen über 60 erzählen von Liebe und Sexualität, Köln 1991
25 Lotti Huber in: Verschwiegene Lust, a. a. O., S. 190
26 ebenda, S. 190

27 Cheryl Benard, Edit Schlaffer, Laßt endlich die Männer in Ruhe, Reinbek 1990
28 William Masters und Virginia Johnson, zit. nach Gail Sheehy, In der Mitte des Lebens, München 1976, S. 337
29 Gail Sheehy, a. a. O., S. 336–337
30 Sigrid Steinbrecher, a. a. O., S. 21
31 ebenda, S. 175
32 Carol Botwin, Männer, die nicht treu sein können, Hamburg 1989
33 ebenda, S. 64–65
34 ebenda, S. 65
35 ebenda, S. 65–66
36 Michael Cöllen, Interview vom 31. 1. 1992
37 Sandra Finzi, Die Affäre, in: *Familiendynamik* 2 / 1988
38 Christel Becker-Kolle, Warum denn nur einen lieben? in: *Psychologie Heute Special* 3 / 1990
39 ebenda
40 Elisabeth Badinter, Ich bin Du, Die neue Beziehung zwischen Mann und Frau oder Die androgyne Revolution, München 1987, S. 253
41 ebenda, S. 254
42 ebenda, S. 255
43 Dorothee Schmitz-Köster, Liebe auf Distanz, Getrennt zusammen leben, Reinbek 1990, S. 39
44 vgl. Maria Frisé, Auskünfte über das Leben zu zweit, Frankfurt am Main 1985
45 Irmgard Hülsemann, Ihm zuliebe?, Abschied vom weiblichen Gehorsam, Frankfurt am Main 1991, S. 68
46 ebenda, S. 68